앨리슨 존스(Alison Jones)

평생 책과 함께했다. 읽고, 모으고, 냄새 맡고, 쓰고, 만들고,
팔았다. 챔버스, 옥스포드대학 출판부, 맥밀란과 같은 업계 최고의
출판사에서 25년 동안 근무하다가 2014년부터 '프랙티컬
인스퍼레이션'(Practical Inspiration) 출판사를 차려 이름 그대로
실용적인 영감을 주는 책을 만들고 있다. 2016년부터 팟캐스트
『범상치 않은 비즈니스 북클럽』(The Extraordinary Business
Book Club)을 진행하며 출판계의 다양한 사람들을 만났다.
비즈니스 북 어워드의 수석 심사위원을 역임했으며 '비즈니스
매개로서 책'의 가치를 실현하는 출판, 강연, 팟캐스트, 컨설팅 등
다양한 분야에서 활동한다. 여러 업계의 전문가들이 차별화된
비즈니스 도서를 기획하며 집필하고 출판하도록 모든 과정을
돕고 있다.
홈페이지 www.alisonjones.com
트위터 @booksthesky

김민희

책보다는 출판을, 출판보다는 책 세계를 덕질하는 마음으로
일상을 채우는 자유 일꾼. 2013년 직접 번역하고 싶은 책을
출판하기 위해 '책덕'이라는 1인출판사를 차려 여성 코미디언의
에세이를 번역해 '코믹 릴리프' 시리즈로 출간했다. 책 세계를
헤매며 몸으로 겪은 경험을 글과 말로 전파하는 일을 좋아한다.
이미 굳어진 관행을 따르기보다는 사람들과 함께 새로운 가능성을
모색하기를 즐긴다.
전자책 출판을 안내하는 『전자책으로 시작하는 1인 출판』과
출판하는 과정을 생생하고 솔직하게 담은 『이것도
출판이라고』를 썼다.
『책 만들기 책』에 공동 저자로 참여했으며 '어떤출판연구회'
동료들과 『어떤 계약』이라는 소책자를 만들었다. 팟캐스트
『책 만드는 소리』에서 1인출판과 콘텐츠를 만드는 과정에 대해
이야기하고 있다.
인스타그램 @bookduck.kr
홈페이지 bookduck.kr

책으로 비즈니스

책으로 비즈니스

나의 삶과 일을
성장시키는 도구로서의 책

일러두기
각주는 각각 지은이주(□)와 옮긴이주(○)로 구분했습니다.

차 한 잔을 완벽하게 우리는 법을 가르쳐 준

아버지께 이 책을 바칩니다.

추천의 글

책을 쓰면 부자가 될 수 있는지 사람들이 물어볼 때마다 1달러씩만 받았어도 저는 부자가 됐을 겁니다. 그리고 그렇다고 답했겠지요. 하지만 진실을 말하자면, 돈을 벌 수 있다는 것보다 더 나은 이유가 있습니다. 네, 물론 일부 저자는 수백만 부 팔리는 베스트셀러 책을 내서 건물을 하나 세울 정도로 큰돈을 벌기도 합니다. 하지만 그들은 소수에 불과합니다. 당신은 책을 써야 하는 당신만의 이유를 찾아야 합니다. 다른 사람을 돕고 싶다든지 창작을 하고 싶다든지 남기고 싶은 유산이 있다든지 하는, 바로 그런 이유들이 당신을 의자에 앉히고 키보드를 두드리게 할 테니까요.

독자를 염두에 두고 글을 쓰다 보면 깨닫는 사실이 하나 있습니다. 내 생각이 더욱 명확해지고 세상이 기다려 온 해결책을 생각하게 된다는 것입니다. 책 쓰기는 아이디어를 발전시키는 단계를 벗어나 나의 일과 노하우에 권위를 부여하고, 일반적인 생각에서 한 걸음 나아간 질문을 던질 수 있게 합니다. 게다가 삶의 다른 부분에도 더 나은, 새로운 습관을 갖게 해 변화된 자신의 모습에 놀라게 만들기도 합니다. 무엇보다 백지 상태에서 서점으로, 그리고 서점 밖까지 이어지는 여정에는 예상치 못한 놀라운 혜택들이 기다리고 있습니다.

대개 사람들은 책을 쓰고 싶다고 할 때 '글을 쓰는 장면'을 떠올리지 않습니다. 대부분 '완성된 책을 손에 쥐는 장면'을 떠올리지요. 물론 자신의 이름이 인쇄된 책이 존경하는 작가들의 책과 나란히 서가에 꽂히는 순간도 멋지겠지만, 그보다 더 뿌듯한 순간은 어느 날 독자로부터 내가 쓴 책이 자신의 인생을 바꿔 놓았다는 이메일을 받을 때일 것입니다. 그때의 감정은 정말 설명하기가 힘들죠. 믿어 주세요. 그런 독자가 있습니다.

자기 검열과 자만심 사이에서 시소를 타는 동안 스스로를 괴롭히는 의심은 쉽게 제거되지 않습니다. 내 아이디어가 식상한 건 아닐까, 다른 저자가 먼저 소개한 것은 아닐까 걱정스럽기도 하겠죠. 하지만 중요한 것은 이미 알려진 내용이라 해도 당신이 직접 말한 적은 없다는 사실입니다. '나는 작가가 아닌데······' 하는 걱정이라면 염려 말아요. 지금 제가 작가가 되었다는 사실을 안다면 고등학교 때 저를 가르친 맥긴리 선생님이 가장 크게 놀라실 거예요. 선생님은 5년 동안 제가 잠재력을 발휘할 수 있도록, 낮은 수준에 머물러 있는 제 사고력을 끌어올리기 위해 애쓰셨지만 실패했거든요. 그로부터 3년이 지나서야 저는 무엇을 해야 하는지 깨달았고, 글을 쓸 수 있다는 사실을 깨우쳤습니다.

지혜를 전수하는 세상의 수많은 '선생님'들은 인간이 후회해야 할 하나의 활동이 있다면 바로 '자신이 하지 않은 활동'이라고 말합니다. 책을 쓰는 것도 마찬가지죠. 나의 친구 세스 고딘은 이렇게 말했습니다. "당신에게 필요한 건 시간이 아니라 결심입니다." 앞으로 앨리슨이 수십 년간 쌓아 온 지식과 경험, 지혜 그리고 『범상치 않은 비즈니스 북 클럽』the Extraordinary Business Book Club에서 만난 저자들의 성공 비결을 통해 책 쓰기의 모든 것을 소개할 겁니다.

　머뭇거릴 시간이 없습니다. 서두르세요.

　버나뎃 지와(『스토리로 이끌어가는 직감과 차별화 마케팅』Story Driven, Hunch, Difference, Marketing: A Love Story and more 저자)

들어가는 글

이 책은 자신의 책을 쓰고자 하는 전문가와 사업가를 돕기 위해 제가 특별히 선정한 방법과 기술 그리고 팁을 담고 있습니다. 제가 직접 사용하려고 만든 것도 있고 고객을 위해 개발한 것도 있죠. 출판계에서 쌓은 오랜 경험과 노하우를 활용하기도 했지만, 대부분 『범상치 않은 비즈니스 북클럽』 팟캐스트를 진행할 때 만난 훌륭한 작가들을 인터뷰하는 과정에서 발굴한 것입니다. 이 책에 소개한 모든 방법은 실전에서 꽤 유용한 성과를 거뒀습니다.

물론 모든 상황, 모든 사람에게 통하지는 않겠지요. 하지만 제가 약속할 수 있는 것은 당신이 지금 책 쓰기의 어느 지점에 있든, 말하자면 어떤 문제로 인해 막다른 길에 들어섰든 이 책이 당신을 도울 것이라는 사실입니다. 게다가 당신을 막다른 길에서 구해 주는 정도에 그치지 않습니다. 이 책의 목적은 '수익성 있는 일을 운영하기 위한 책 쓰기' 방법을 안내하는 것이기 때문에 그동안 당신이 투자한 시간과 노력에 대한 보상의 길을 열어 줄 것입니다. 책을 쓰는 것 자체가 자기 자신을 새롭게 발견하고 탄탄한 관계망을 형성할 수 있는 절호의 기회라는 뜻입니다.

당신이 일이나 사업을 성장시키기 위해 책을 쓰고 싶다면 지금 당장 활용할 수 있는 아이디어가 이 책에 있다고 확신합니다. 저는 여기에 소개한 모든 방법을 직접 시도해 보았고, 그때마다 제 생각과 글과 사업에 큰 도움을 받았습니다.

여기에 제시된 방법이 당신에게도 도움이 되는지, 당신은 어떻게 이 방법을 각자의 상황에 맞게 적용했는지 듣고 싶습니다. 『범상치 않은 비즈니스 북클럽』 페이스북 그룹에 당신의 후기를 올려 주세요. 제가 운영하는 트위터 계정 @bookstothesky나 hello@alisonjones.com으로 이메일을 보내도 좋습니다.

책을 쓰면서 당신의 사업을 성장시키는 번뜩이는 방법을 찾아냈다면 『범상치 않은 비즈니스 북클럽』 팟캐스트의 다음 게스트가 당신이 될 수도 있겠죠!

이 책을 읽는 방법

당신의 삶을 변화시킬 가능성이 가장 높은 책은 바로 당신이 쓴 책이다.   – 세스 고딘

여러분은 왜 책을 쓰려고 하나요? 해당 분야의 전문가가 되고 싶어서? 강연할 기회를 얻고 싶어서? 패시브 인컴°을 만들고 싶어서?

    모두 다 좋은 이유입니다. 하지만 책이 출간된 후에 누릴 효과에만 초점을 맞추고 있다면 책 쓰기의 아주 중요한 부분을 놓치고 있는 것입니다. 이 책은 책을 쓰기 위한 계

○ Passive income. 최소한의 노동으로 시스템을 구축해 놓으면 그 이후에는 자동으로 소득이 생기는 일이나 콘텐츠를 가리키는 용어. 유튜브 영상, 온라인 강의, PDF 전자책 등 지난 몇 년간 재테크 열풍을 거치며 N잡, 파이프라인 등과 함께 유행하고 있다.

획을 세우는 단계부터 시작해 조사하고 실제로 글을 쓰는 과정에 이르기까지, 나 자신과 내 일을 성장시키는 방법에 초점을 맞추고 있습니다. 이왕 책을 쓰는 데 시간을 할애할 거라면 가능한 한 다양한 영역에서 가능한 한 빠른 시일 내에 투자 대비 수익을 극대화해야 하니까요. 이 책은 책 쓰기 과정 자체를 사업과 브랜딩의 일부로 간주하여 단계별로 프로필을 구축하고, 관계망을 확장하고, 수익을 창출하고, 검색 엔진에 최적화된 콘텐츠를 제작하는 방법을 소개합니다.

저는 이 책을 단순히 쓰기만 한 것이 아니라 직접 '경험'했습니다. 대부분의 자료는 제가 운영하는 팟캐스트인 『범상치 않은 비즈니스 북클럽』을 통해 개발되었습니다. 이 팟캐스트는 작가, 출판사 등 비즈니스 서적을 쓰고 만드는 사람들을 초대해 흥미로운 경험과 지혜를 나누는 공간입니다.

이 책을 기획하고 쓰는 몇 개월의 과정 자체가 저에게는 전문적인 성장을 추동하는 엔진이었습니다. 이 기간에 글쓰기 훈련을 한 것은 말할 것도 없고, 생산적이고 전략적인 사고를 하도록 스스로 채찍질할 수 있었습니다. 전문 영역에서 관계망을 확장하게 되었고 오프라인과 온라인 플랫폼 모두 강화할 수 있었습니다. 궁극적으로는 제 일을 더 잘할 수 있게 되었습니다. 출판은커녕 집필을 끝내기도 전에 말이죠. 이 책을 통해 여러분께 제 경험을 그대로 전달하고 싶습니다.

비즈니스 책이 그리는 '성장 나선'

자연에는 스스로 기하급수적으로 성장하는 아름다운 표현 방식이 있습니다. 바로 '성장 나선'입니다. 등각 나선, 대수 나선 또는 스위스 수학자 야코프 베르누이가 이름 붙인 '놀라운 나선'Spira mirabilis으로도 알려져 있습니다.

성장 나선은 수학적이고 유기적인 개념입니다. 각막 속 시신경, 로마네스코 브로콜리 머리의 새싹, 앵무조개 껍질의 곡선, 나선은하의 팔 등 자연 세계 안에서 크고 작은 규모로 발견할 수 있습니다. 앵무조개 껍질의 성장 나선 모양은 일정한 비율로 확대됩니다. 나선의 면적이 기하급수적으로 넓어지죠. 책 쓰기를 통해 개인으로서 또한 전문가로서 성장하는 여정을 논리적이면서도 직관적으로 완벽하게 표현합니다.

이 책 1부에서는 성장 나선을 네 가지 영역으로 나누

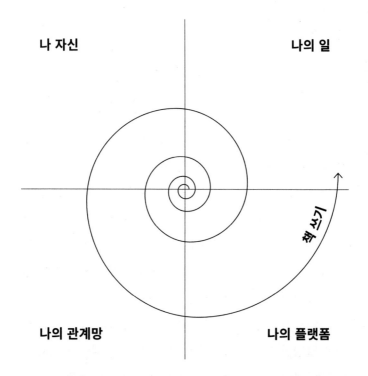

나 자신

나의 일

책 쓰기

나의 관계망

나의 플랫폼

성장 나선

어 차례대로 살펴보면서 책 쓰기가 어떻게 특정 분야의 성장을 돕는지 알아볼 겁니다.

나와 나의 일

'일'이란 자신의 열정과 개성에 대한 경제적 표현으로, 마이클 거버가 언급한 것처럼 책의 '뒷면'이기도 합니다. 대부분 소설가와 논픽션 작가에게 책은 최종 결과물이지만, 자기 일과 연관된 책을 쓰는 작가에게 책은 조금 다른 의미를 지닙니다. 내가 하는 일이 책을 뒷받침하고, 일에 성공해야 책도 성공한다는 역학 관계를 지니기 때문입니다. (우리는 다른 분야의 작가보다 경제적으로 훨씬 유리합니다. 책을 읽고 신규 가입한 고객 한 명이 1년간 책을 판매한 것보다 더 큰 수익을 단번에 가져다줄 수도 있을 테니까요.)

첫 번째 장에서는 책을 사업의 필수적인 부분으로 만드는 법, 즉 책을 당신이 잠들어 있는 동안에도 항상 사람들에게 메시지를 전하는 최고의 영업 사원으로 키우는 방법을 알아봅니다.

플랫폼 키우는 법

'플랫폼'은 '콘텐츠'만큼이나 애매모호하고 지루한 단어이지만, 좀 더 나은 대체어가 나타날 때까지는 이 단어를 사용할 수밖에 없음을 양해해 주시길.

런던 하이드파크의 '스피커스 코너'에서는 누구나 어떤 주제든 자유롭게 말할 수 있습니다. 사람들이 자기를 더 잘 볼 수 있게 하려면 사다리나 상자를 가져다 놓고 그 위에 설 수도 있습니다.ㅁ 플랫폼은 이 사다리처럼 많은 사람들 사이에서 당신이 잘 보이도록 해 줍니다. 사람들의 관심을 이끌어 붙잡아 놓고 나의 말에 귀를 기울이게 해 주지요. 전문가들이 사용하는 플랫폼은 저마다 다르지만 메시지를 전달하는 도구는 무척 다양하기 때문에 독자와의 만남이 반드시 책을 통해서만 이루어진다고 생각할 필요가 없습니다.

지나다니는 사람을 통제할 수 없는 스피커스 코너와 달리, 온라인 및 오프라인 플랫폼에서는 대화하고 싶은 사람들에게 메시지를 전달할 수 있습니다. 하지만 사람들이 걸음을 멈추어 귀를 기울이도록 하려면 흥미진진한 내용을 들려줘야 하고 그 내용을 잘 전달할 방법이 필요하다는 점에서는 스피커스 코너와 다르지 않습니다. '플랫폼 키우

ㅁ 2017년부터 보건 및 안전상의 이유로 스피커스 코너에 상자와 사다리를 설치하는 행위가 금지되었습니다. 하이드 파크에서는 다른 방법으로 플랫폼을 구축하는 것이 좋겠죠.

는 법'에서는 책을 콘텐츠 마케팅 전략의 엔진으로 활용하여 가시성과 참여도를 높이고, 다른 사람의 플랫폼을 활용하여 더 높은 성과를 거두기 위한 아이디어를 살펴봅니다.

관계망 확장하는 법

업무 관계는 일의 핵심입니다. 이 관계는 다양한 형태로 존재하는데 아마도 기존의 고객, 소셜미디어 커뮤니티, 뉴스레터 구독자 등일 것입니다. 열성팬도 여기에 포함됩니다. 그다음으로는 파트너나 거래 업체, 동료, 네트워크 코디네이터 및 중개인, 멘토, 잘 알고 지내는 언론인이나 관련 업계 종사자 같은 기타 인맥이 있습니다. 또한 지금은 관계를 맺지 않았지만 앞으로 관계를 맺고 싶은 미래의 고객, 해당 분야의 셀럽도 대부분 기존 관계망에 있는 사람과 직간접적으로 연결되어 있을 것입니다. 최근 페이스북은 우리가 지구상의 모든 사람과 여섯 다리만 거치면 연결된다는 오랜 정설을 반박했습니다. 지금은 평균 세 다리 정도만 거치면 그 누구든 연결 가능하다고 하는군요.

책을 쓰면 이 관계의 그물망에서 자신의 위치가 바뀝니다. 어느덧 대화를 주도하게 되고 다른 사람과 관계를 맺는 방식도 달라집니다. 이 책의 '관계망 확장하는 법'에서는 이러한 변화를 창의적으로 활용하여 관계를 더 깊게 발전시켜 주는 전략적인 아이디어를 만날 것입니다.

스스로 성장하는 법

많은 자기계발 전문가들이 일기 쓰기를 권장하는 데는 그럴 만한 이유가 있습니다. 글을 쓰며 나를 성찰하는 행위는 경험을 종합하고, 생각을 명확히 하며, 아이디어를 발전시키는 데 도움이 되는 강력한 도구이기 때문입니다.

심리학자 로베르타 사토우는 이렇게 말합니다.

글을 쓰고 나서 자신이 쓴 글을 읽으면 내 안에 존재하는 생각과 감정을 알아차리게 되고 내면의 흐름에 참여하게 되어 우리의 자아가 더욱 성숙해집니다.

'스스로 성장하는 법'에서는 책 쓰기를 통해 습관과 생산성, 사고의 명확성, 아이디어를 구상하고 구체적으로 표현하는 방법(책 쓰기와 그 이후)을 발견할 수 있습니다. 하지만 실제로 이 모든 분야에서 성장을 촉진하는 글을 쓰려면 어떻게 해야 할까요? 책을 쓴다고 해서 사업가가 갑자기 전문 작가가 될 수는 없고, 또 그래야 할 이유도 없죠. 이런 점을 보완하기 위해 2부 '책 쓰기'에서는 먼저 책을 써 본 사람들의 집단 지혜와 경험을 토대로 계획 세우는 법, 미루는 습관을 버리는 법, 초안 다듬는 법 등 책을 쓰는 데 요구되는 핵심적인 내용을 다룹니다.

지금이 책을 쓸 때일까?

책은 서문에서 시작하지 않습니다. 내 삶과 일의 비전에서 시작합니다. 다만 살아가는 동안 우리가 원하는 것은 계속 변화하며 시간이 흐를수록 전달하고 싶은 메시지도 달라지기 때문에 단번에 지향하는 바를 또렷하게 정리할 수는 없습니다.

『슈퍼코치』Supercoach의 저자 마이클 닐은 책을 너무 일찌감치 쓰는 것은 '시기상조'일 수 있다고 경고합니다. 그는 이렇게 말합니다. "우리는 무언가를 진심으로 느끼기 전에 섣불리 표현해 버리곤 한다. 글로 쓸 시간은 충분하다. 책을 써야 할 때는 내 안에서 어떤 움직임이 일어났을 때다." 그러나 너무 늦어져서도 안 됩니다. 과거에 내가 진실이라고 믿었으나 이제는 더 이상 흥미롭지 않은 주제를 써야 하는 상황에 처할 수도 있기 때문이죠.

제가 어렸을 때 아버지는 차를 제대로 우리는 방법을 가르쳐 주셨습니다. 우선 신선한 물을 써야 하고, 물이 보글보글 끓을 때까지 기다려야 합니다. 물이 다 끓기 전에 차에 물을 부어선 안 되고, 전기 포트가 자동으로 꺼진 후 물이 식기 시작할 때까지 놔두어서도 안 됩니다. (여러 번 다시 끓인 물은 더욱 안 좋습니다.) 이처럼 글쓰기에 가장 좋은 타이밍은 내가 깊이 깨닫고 경험한 것에 대해 여전히 흥미를 느끼고 있을 때입니다.

『생산적인 닌자가 되는 방법』How to be a Productivity Ninja을 쓴 그레이엄 올콧은 이렇게 말했습니다.

밖으로 나가서 일을 먼저 하고 책은 나중에 쓰세요. 책을 받쳐 줄 배경 이야기와 신뢰부터 먼저 갖춰야 합니다. '저는 빌 게이츠에게 아웃룩(전자메일) 사용법을 가르쳐 줬고 스위스 사람에게 시간 절약에 대해 알려주었으며 독일인에게 효율성을 교육시켰습니다.'라고 말할 수 있다면…… 흠, 좋은 시작이 되겠군요. 서가에서 책을 고르는 사람에게 신뢰감을 줄 것입니다. 무엇보다 그런 경험을 했다는 점이 책을 더 매력적으로 만들어 줍니다.

『무엇이 평범한 그들을 최고로 만들었을까』를 쓴 캐럴라인 웹도 이 말에 동의합니다. 자신이 쓴 책과 자신이 하는 일이 매일 상호작용을 일으킨다면서 이렇게 말했죠.

글쓰기와 고객 응대, 이 프로젝트는 몇 년 동안 내가 함께 진행해 온 일입니다. 고객을 만나는 일은 글쓰기를 훨씬 실용적으로 만들어 주지요. 글을 쓰다 보면 제가 하는 일에 대한 생각도 더욱 정교해집니다.

이제 때가 되었다면, 외부 일을 마무리하고 배경이 될 만한 이야기도 갖고 있다면, 실제 세상에서 당신의 생각을 적용해 보았고 아직 만나지 않은 사람들(정말로 그 생각이 필요한 사람들)에게 정확히 전달할 준비가 되었다면, 하지만 두려움 때문에 망설이고 있다면, 확신이 서지 않거나 시간이 부족해서 미루고 있다면, 이 책은 바로 당신을 위한 책입니다. 시도하고 실패하고 실험하고 즐겨 주세요. 그리고 어떤 것이 도움이 되었는지, 새롭게 발견한 것은 무엇인지 공유해 보세요.

두려움에 대한 조언

당신이 이 책을 읽고 있다면 아직 책을 쓰기 전이겠지요. 당신도 저처럼 중요하다고 생각하는 메시지를 많은 사람에게 정확하게 설명하는 책을 쓰려고 자리에 앉았는데 텅 빈 화면을 마주한 순간 엄습하는 중압감과 두려움 때문에 아무것도 할 수 없었던 경험이 있을 겁니다. 저도 이 책을 쓰겠다고 말해 놓고 2년 가까이 쓰지 못했습니다.

실패에 대한 두려움, 성공에 대한 두려움, 눈에 띄는 것에 대한 두려움, 실력이 부족하거나 독창적이지 않을 것이라는 두려움, 비판이나 조롱에 대한 두려움, 한 가지 아이디어에 전념하는 것에 대한 두려움 등 책 쓰기에 대한 두려움은 매우 광범위하고 다면적이어서 그 자체로 책 한 권을 쓸 수 있을 정도입니다. 종종 두려움은 은밀하게 작동합니다. 미루기나 완벽주의로 위장하기도 하며, 일을 완수하지 못해 자책할 때는 우리를 잔뜩 움츠리게 해서 안도감을 줍니다. 인생의 모든 일이 그렇듯, 두려움을 무릅쓰고 도전하겠다는 결단이 있어야 무엇이든 시작할 수 있습니다.

대부분의 사람은 감히 자기만의 사업을 시작하지 못하지만 당신은 이미 시작했습니다. 대부분의 사람은 책을 쓸 엄두를 내지 못하지만 당신은 대부분의 사람이 아닙니다. 저는 당신의 두려움을 없앨 수 없고, 없애고 싶지도 않으니(유용할 때도 있으니까요), 두려움을 '관리'할 수 있는 방안을 소개하겠습니다. 당신뿐 아니라 모든 저자가 두려움을 느낀다는 사실을 알면 안심이 될 것이고, 다른 사람들은 어떻게 책을 쓰게 되었는지 알면 도움이 될 겁니다. 출간할 때까지 자신의 모든 글을 꽁꽁 감춰 두지 말고 이 책에서 제시하는 접근 방식에 따라 하나의 블로그 게시물, 하나의 강연, 한 번의 대화를 차근차근 수행하면서 두려움에 맞서면 됩니다.

"두려움은 숨 쉬지 않는 흥분이다." 비즈니스 분야 기자 로버트 할러는 이렇게 말했습니다. 그러니 당신, 숨을 쉬세요. 최대한 깊이, 최대한 자주요. 그리고 계속 읽어 보세요.

출판 방식에 대한 조언

작가나 사업가가 되기에 요즘만큼 흥미진진한 시기는 없었습니다. 그러니 당신이 사업을 하는 작가라면 절호의 기회를 잡은 셈입니다. 10년 전에는 에이전시나 기존 출판사에 출간 기획서를 투고하는 방식 외에는 출판 기회를 얻기 힘들어서, 여러 출판사 중 어느 한 곳에서라도 나의 기획안에 관심을 가져 주기를 마냥 기다릴 수밖에 없었으니까요. 투고가 채택되어 계약을 하면 책의 형식, 표지 디자인, 가격, 출판 시기 등에 대한 최종 결정권은 출판사에게 있으며 작가는 인세 수익을 가져가게 됩니다.

요즘엔 출판 방식이 다양해져서 어떤 식으로 출판할지 작가가 선택할 수 있습니다. 플랫폼을 구축하고 팔로워를 확보하고 시장에 진출하는 경로를 스스로 결정하고 통제할 수 있다면 새로운 출판 방식은 아주 흥미로운 작업이 될 것입니다.

얼마든지 기존의 계약 방식으로 출판할 수 있는 작가들도 이제는 새로운 방식을 선택해서 시도하고 있습니다. 앞서 등장한 그레이엄 올콧의 사례를 살펴볼까요?

책을 만드는 과정에서 출판사가 너무 많은 부분을 통제하는 데 불만을 느껴 일단은 계약을 거절했습니다. 스리랑카로 가는 비행기를 타기 하루 전, 출판사에 "이러이러한 책을 쓸 예정인데요, 출판사를 통해 책을 출간할지는 돌아와서 답을 하겠습니다"라고 말했습니다. 그리고 책을 쓰다가 꼭 쓰고 싶은 표현이 떠올랐는데, 다소 민감할 수도 있고 선을 넘은 것 같기도 한 내용이었습니다. 그때 '이 말을 쓰면 출판사에서 어떻게 생각하려나? 이대로 허용해 줄까?' 하는 생각이 들더군요. 그 순간 속으로 '출판사는 집어치우자. 내가 쓰고 싶은 책을 쓰겠어'라고 외쳤습니다. 저는 누가 뭐래도 나 자신을 위한 책을 쓰고 싶었습니다.

그렇게 그레이엄은 직접 책을 출판했으며 큰 성공을 거두었습니다. 그 후 아이콘북스에서 그 책을 인수하여 기존의 출판 방식으로 다시 펴냈지만 모든 결정 사항은 그레이엄의 뜻에 따랐습니다.

오늘날 출판을 간단히 설명하자면 크게 세 가지 방식으로 나뉩니다.

기존 출판 방식: 출판사가 모든 출판 비용을 지불하고 출판에 대한 독점적 권리와 출판에 대한 최종 결정권은 출판사에 귀속된다. 저자는 판매된 책에 대한 인세를 받으며, 본인이 사용할 책을 출판사로부터 할인된 가격에 직접 구매할 수 있다. (결과: 출판사의 수익을 극대화하는 데 초점을 맞춘 고품질의 책이 유통된다.)

셀프 퍼블리싱(1인출판): 저자가 출판 비용을 지불하고, 모든 권리를 보유하며, 모든 결정을 내린다. 판매로 발생하는 모든 수익은 모두 저자가 소유한다. (결과: 책의 품질은 저자 또는 참여한 전문가의 실력과 개성에 따라 달라지며, 모든 통제권은 저자에게 있다.)

파트너십 출판(자비 출판): 저자는 전문 출판사와 협력하여 책을 제작하고 출판 비용을 지불한다. 저작권, 결정권, 책 제작 비용, 판매 수익 배분 조건은 매우 다양하므로 계약서 내용을 주의 깊게 확인해야 한다.

저는 전통적인 출판사에서 가장 오랫동안 일해 왔지만 지금은 파트너십 출판 방식의 '프랙티컬 인스피레이션 퍼블리싱'Practical Inspiration Publishing 출판사를 설립했습니다. 저자가 쓴 책이 본인의 사업에 도움이 되는 방향으로 이끌어 주는 일이 제 주된 임무입니다. 여러 저자가 기존 출판사와 해 왔던 방식보다 저와 협력하는 방식을 선호한다는 사실에 자부심을 느끼고 있습니다.

책을 출판할 계획이 있는데 어떤 방식이 좋을지 아직 확신이 서지 않는다면, 이 책이 당신을 도울 것입니다. 이 책은 '당신의 독자를 돕는 동시에 당신의 사업을 도울 수 있는' 길을 안내합니다.

1부

나와 나의 일

1장

사업 키우는 법

예전에 제가 다니던 회사에는 매일 외부에서 사람들을 만나 설득하는 일을 담당하는 부서가 있었습니다. 주로 잠재 고객을 만나 이런저런 관계를 맺고 일을 만들어 내는 영업 업무였죠. 영업자 한 명이 외부 영업에 혼신을 다했다면 현실적으로 계산했을 때 1년 동안 하루 6시간씩, 총 1,600시간 정도를 쏟을 수 있습니다. 1,600시간에는 순수한 업무 시간뿐만 아니라 이동 시간 등 부수적 활동 시간도 포함되어 있습니다. 기업 입장에서 이 업무에 800만 원의 비용이 든다고 생각해 보세요. 처음엔 일정 정도의 교육 기간이 필요할 테고, 모든 영업에 성공하진 못할 테니 성과가 저조한 날도 있겠죠. 경력이 쌓이면 실력 있는 영업자가 될 수 있겠지만 다른 곳으로 이직할 가능성도 있습니다. 이렇게 생각하고 보니 아주 단순한 깨달음에 이르렀어요. '800만 원보다 적은 비용으로 책을 1,600부 만들고 잠재 고객에게 뿌리는 방법이 낫겠는데?' 실제로 그 둘은 똑같으니까요.

— 대니얼 프리스틀리(『이기는 공식』 저자)

세일즈 마케팅 분야의 구루, 마르쿠스 셰리단이 "좋은 콘텐츠야말로 가장 좋은 마케터다"라고 한 말도 이와 비슷한 발상이라고 할 수 있습니다. 하지만 책을 뛰어난 영업자로 만들려면 당신이 하는 일과 책 내용이 긴밀하게 연결되도록 구성하고, 책과 일이 서로 맞물려 돌아갈 수 있도록 설계해야 합니다. 1장은 바로 그런 내용입니다.

먼저 몇 가지 질문으로 시작하겠습니다. 앞으로 어떤 방향으로 갈 것인지 명확해야 책의 주제도 확실해질 수 있으니까요.

20년 후 상상하기

MBA 과정에서 그럴듯한 비즈니스 사고 체계에 대해 배우기 했지만 제가 가장 선호하는 것은 러디어드 키플링의 시입니다.

내 곁에는 언제나 여섯 명의 일꾼이 있다.
내가 아는 모든 건 그들에게서 배웠다.
그들의 이름은 다음과 같다.
누가, 언제, 어디서, 무엇을, 어떻게, 왜.

모든 일은 '왜'로부터 시작합니다.

당신의 20년 비전은 무엇인가요? 너무 멀리까지 생각하는 것 아니냐고요? 제가 고객을 만날 때마다 이 질문을 던지면 대부분 당황해하거나 난처한 미소를 짓곤 합니다. 하지만 책을 쓸 생각이라면 스스로 이 질문을 해 봐야 합니다. 책의 수명은 생각보다 길어요.

비전이 왜 중요할까요? 당신의 목표가 사업을 성장시키는 것이라면 평범한 사업 방식을 유지하는 사람과는 다른 방식을 택해야 합니다. 당신만의 방법론을 만들고 사람들이 당신의 노하우를 퍼뜨리게 하고 싶다면 남들과 구별되는 지적 재산을 구축할 수 있는 기반을 다지고 그 위에 탄탄한 체계를 세워야 합니다. 지금과 전혀 다른 고객과 함께 일하고 싶거나 다른 영역에서 일하고 싶다면 무조건 글을 쓰기보다는 그 변화가 어디서 어떻게 시작되어야 할지를 생각해야 합니다.

20년이라는 기간은 생각의 폭을 넓혀 줍니다. 만약 1년 안에 이룰 목표를 묻는다면 지금 하고 있는 일에서 한 단계쯤 발전시킨 합리적 목표를 말하겠죠. 현재 내가 처한 현실적인 제약이나 조건을 고려해야 하니까요. 하지만 기간을 20년 뒤로 상정한다면 생각이 달라질 수밖에 없습니다. 그 시기에 이르기까지 우리 앞에 놓인 긴 시간 동안에는 무슨 일이든 일어날 수 있고, 우리는 무엇이든 해낼 수 있지 않을까요? 이것이 바로 핵심입니다. 무엇이든 할 수 있다면 우리는 무엇을 해야 할까요?

20년의 비전을 구체적으로 그려 보았다면, 이제 그 목표를 염두에 두고 5년 단위로 시간 범위를 좁혀서 목표를 설정해야 합니다. 그래야 당신의 하루 일상이 어떠해야 할지, 어디에 기반을 잡을지, 얼마나 많은 직원이 필요할지,

어떤 제품 혹은 서비스를 누구에게 제안할지, 매출과 이익은 얼마나 창출할지, 훨씬 더 명확하게 결정할 수 있기 때문입니다.

어디로 갈지 알았다면 그곳으로 가는 경로를 알아야 합니다. 가는 길을 모른 채 비전만으로 전략을 짤 순 없으니까요.

계획이라는 차에 타야만 목표에 닿을 수 있다. 계획을 열렬히 믿고 착실히 수행해야 한다. 성공으로 가는 다른 길은 없다. — 파블로 피카소

비전은 좋은 시작점입니다. 하지만 비전을 이루는 방법도 알아야겠죠. 어떤 강점과 기회가 나를 비전을 향해 나아가도록 이끌어 줄까? 약점을 극복하고 위기를 관리할 방법은 무엇일까? 경쟁자와 나를 차별화할 방법은 무엇일까? 어떤 사람들에게 어떻게 다가갈 것인가? 제품이나 서비스를 어떤 방식으로 편집해 포트폴리오를 만들까?

이제 진지하게 답해 보세요. 올해 나의 목표는 무엇인가요? 이미 목표를 정했다면 방금 말한 20년 비전을 바탕으로 다시 질문을 던져 봅시다. 여전히 그 목표는 견고한가

요? 살짝 조정해야 할까요? 아직 목표를 정하지 않았다면 지금이 딱 좋은 때입니다. 당신이 어디를 향해 가고 싶은지, 무엇을 이루려 하는지 훨씬 더 명확해질 테니까요.

마지막으로, 당신의 목표를 달성하기 위해 좀 더 집중해야 할 부분은 무엇인지 생각해 보세요. 새로운 제품이나 서비스를 구축할 시간과 여유를 확보하려 할 때 그 방향성에 적합하지 않은 제품이나 서비스는 포기해야 할 수도 있습니다. 이처럼 큰 그림을 그려 놓은 상태에서 책 쓰기의 전략을 짜야 합니다. 책은 당신의 목표를 이루는 효과적인 도구가 되어야 하니까요.

기본적으로 나의 일에 관심을 가질 독자를 염두에 두고 책을 써야 합니다. 하지만 그게 전부가 아닙니다. 일회성 책인지 아니면 전체 비즈니스의 흐름을 반영하는 시리즈인지, 강의 프로그램을 계획하고 있다면 책과는 어떻게 연결시킬지 생각해야 합니다. 연설이나 강의를 할 생각이라면 가장 강조하고 싶은 핵심 문장을 찾아야 합니다.

어떤 사람을 기다리고 있나요?

20년 비전을 그려 보면 먼 훗날 내가 어떤 사람과 같이 일하고 싶은지도 생각해 볼 수 있습니다. 현재 나와 일하고 있는 사람일 수도 있고 아닐 수도 있죠. 미래에 함께 일하고 싶은 사람이 지금 당장 손잡기 어려운 상대라면 책을 통해 다가갈 방법을 찾아보는 건 어떨까요?

사업 전략의 핵심은 고객에게 초점을 맞추는 것이고 책 쓰기의 핵심은 독자에게 초점을 맞추는 것이지만, 두 가지는 분명한 시너지 효과를 가지고 있습니다. 사업에서 가장 이상적인 고객은 곧 책의 이상적인 독자가 되기 때문입니다. 어떻게 말하면, 책을 쓰는 것은 당신이 가장 만나고 싶고 함께 일하고 싶은 바로 그 사람에게 말을 걸어 보는 일이기도 합니다. 이 책이 바로 그를 위한 책이라고 설득할 수 있다면, 당신이 그를 이해하고 있다고 느끼게 할 수 있다면 그리고 당신을 좋아하고 신뢰하게 된다면, 당신의 책은 비싼 광고보다 나은 효과를 가져다 줄 것입니다.

많은 사업자는 대개 특정 시장에 집중하는 전략을 꺼립니다. 시장이 작으면 판매 가능성도 작다고 생각하기 때문입니다. 책 쓰기도 마찬가지여서 '일반 대중'을 타깃 독자로 설정하여 기획된 책이 수없이 많습니다. 미안하지만 '일반 대중'이라는 대상은 존재하지 않습니다. 물론 책을 읽는 사람은 누구나 책에서 무언가를 얻을 테지만, (특별한 홍보 시스템의 도움을 얻을 수 없는) 저자는 특정 타깃에 집중할수록 책을 쓰기가 훨씬 쉽습니다. 나아가 책을 발견한 독자가 곧바로 구매자로 이어질 가능성도 높습니다.

상황에 따라서는 자기 분야의 소비자가 아닌 독자까지 포괄해 글을 써야 하는 경우도 있습니다. 예전에 제 고객 중 한 명은 중견 관리직 여성을 위한 책을 썼는데, 이 책의 맞춤 고객은 인사 업무 담당자였습니다. 그래서 워크숍을 담당하는 인사 업무 담당자에게 자신의 책을 활용해 보라고 권하는 동시에, 여러 회사의 관리자를 대상으로 하는 커뮤니티를 만들어 기업 내 교육 예산을 담당하는 부서에서 자신의 책을 채택하도록 홍보하고 있죠.

이런 식의 방법도 있으니 타깃 고객과 타깃 독자가 일치하지 않더라도 걱정하지 마세요. 두 대상이 어떻게 상호 작용할 수 있을지에 좀 더 신경을 집중하면 됩니다.

페르소나 그리기

목표 시장을 명확히 하는 것으로 끝이 아닙니다. 책을 읽는 건 사람이지 시장이 아니니까요. 타깃 독자를 한 명의 개인이라고 생각해 보세요.

프로그래머는 새로운 시스템을 설계할 때마다 그 시스템의 사용자 페르소나를 만듭니다. 시스템에 어떤 기능을 넣을지 결정할 때마다 이 페르소나를 떠올리며 질문을 던지죠. '내 친구 ○○○라면 이 기능을 어떻게 생각할까?' 더 매력적이고 읽기 편한 책을 만들려면 우리도 이 프로그래머와 똑같이 생각해야 합니다.

한 사람의 이야기에 집중하는 전달 방식은 꽤 강력한 감정을 불러일으킵니다. 재난 현장을 보도하는 뉴스에서 기자가 인명 피해를 이야기할 때 우리는 대부분 '끔찍한 일이야' 하는 정도로 인식합니다. 하지만 무너진 집 안에 홀로 남겨진 아이가 부모를 찾고 있는 모습을 볼 때 우리는 동요합니다. 인간은 관념이 아닌 실체가 있는 개인과 소통하기 때문입니다. 따라서 어느 한 개인, 심지어 정서적으로 친밀한 유대감을 나누는 특정 대상을 설정하는 것은 글을 쓸 때 몰입을 유지하는 강력한 방법입니다.

저는 이 책을 '디'라는 사람을 염두에 두고 썼습니다.

그는 이 사실을 모르고 있어요. 책상 위 벽면에 그의 사진을 붙여 두었는데, 그 사진은 나 자신을 위한 글쓰기에 빠지지 않고 핵심 주제에서 벗어나지 않게 상기시키는 역할을 했습니다. 때때로 머릿속의 디가 "그거 괜찮네"라고 말하기도 하고 "나한테 어떤 도움이 되지?"라고 묻기도 합니다. 타깃으로 하는 주요 시장이 둘 이상이라면 다양한 페르소나를 만들어도 괜찮지만 너무 많으면 집중력이 분산되기 때문에 절제할 필요가 있어요.

이제 대상 독자를 위해 페르소나를 만드는 방법을 알아볼까요? 당신의 책을 단 한 명만 읽는다면 누구이고, 그 이유는 무엇인가요? 최대한 구체적으로 당신의 책이 그에게 어떤 도움을 줄 수 있을지 써 봅시다. 추가로 그가 책을 읽은 후 어떤 행동을 취할지에 대해서도 생각해 보세요.

그 사람의 성격을 정의해 볼까요? 사는 곳, 나이, 직업, 직위, 젠더, 가족 구성, 취미는 물론, 어떤 차를 타는지, 주말에는 어디에서 시간을 보내는지 등 구체적일수록 좋습니다.

그가 일을 할 때 가장 동기 부여가 되는 것은 무엇일까?
그가 가장 두려워하는 것은 무엇인가?

그가 일상에서 좌절을 겪는 순간은 언제인가?

그가 가장 바라는 것은 무엇일까? 삶에서 이루고자 하는 목표는?

어떻게 하면 그를 효과적으로 도울까?(내 언어가 아니라 그의 언어로 말할 것)

그는 필요한 정보나 서비스를 얻기 위해 어디를 찾는가? 온라인인가, 오프라인인가?

어떤 방식으로 그와 소통할 수 있을까? 오프라인 공간인가? 온라인이라면 어떤 커뮤니티, 모임, 네트워크에 속해 있는가?

그에 대해 알아야 할 다른 것은 무엇일까? 어떻게 찾을 수 있을까?

주말 계획을 묻는다는 게 엉뚱해 보일 수 있지만 꽤 중요합니다. 전달할 대상을 명확히 파악할수록 그의 마음을 사로잡을 만한 글을 쓸 수 있으니까요(다른 이야기이긴 하지만 마케팅 계획을 짤 때도 굉장히 유용합니다).

전문가들, 즉 전문적인 도구와 기술을 익히고 전문용어에 익숙해진 이들은 책을 쓸 때 자신이 무엇을 놓치고 있는지 잘 모릅니다. 그들은 자신의 독자가 될 대상과 같은

**무엇을 생각하고
느끼는가?**

정말 중요하게 느끼는 가치
가장 몰두하고 있는 생각
걱정과 열망

무엇을 듣는가?
친구들과의 대화
상사의 명령
인플루언서들의 말

무엇을 보는가?
주변 환경
친구와 동료
광고나 상품 진열대

**어떤 말을 하고
어떤 행동을 하는가?**

공공장소에 있을 때
타인을 대할 때
어떤 것을 판단할 때

힘든 점
두려움, 좌절, 장애물

얻는 점
원하거나 필요한것,
판단 기준, 장애물

공감 지도('XPLANE'의 데이브 그레이 제작)

용어를 쓰지 않으며 어떤 점에 신경 써야 하는지도 모릅니다. 뭔가 잘못되었다는 것 그리고 누군가 도와줄 사람이 필요하다는 것을 느끼는 순간이죠.

독자를 이해할 때 쓸 만한 유용한 도구가 있습니다. 데이브 그레이가 만든 '공감 지도'는 독자들이 매일 보고 듣고 말하고 생각하고 느끼고 행동하는 모든 것을 탐색하고 그들이 처한 어려움과 나아가고자 하는 방향을 찾을 수 있도록 도와줍니다.

딱 좋은 책 쓰기

벤 다이어그램

누구를 위해, 왜 써야 하는지 명확해졌다 해도 우리가 선택할 주제는 무척 다양합니다. 그 가운데 어떤 주제를 골라야 할까요? 이 지점에서 당신은 선택을 끊임없이 미루게 될지도 모릅니다. 단호하게 하나의 주제를 선택하지 못하는 이유는 아마 결정을 내리려 할 때마다 또다른 반짝이는 아이디어가 떠오르기 때문이겠죠.

어떤 면에서는 긴 호흡으로 다양한 아이디어를 살펴보는 시간을 가져 보는 것도 좋습니다. 시간을 두고 최대한 많은 아이디어를 모은 다음, 두 가지 (중요한) 기준을 충족하는지 알아보세요.

내 사업 전략과 20년 비전에 부합하는가?
내가 페르소나로 이미지화한 이상적인 독자의 관심을 끌 수 있을까?

책을 쓸 때 나의 전문성, 고객의 니즈, 광범위한 전략이 겹치는 '스위트 스폿○'을 찾게 할 도구가 있습니다. 종이에 원 세 개짜리 벤 다이어그램을 그려 보세요.

'나의 전문성' 원 안에는 내 전문 기술과 분야를 씁니다. 어떤 분야는 좀 더 연구가 필요할 수도 있지만 괜찮습니다. 그 분야에 관심 있는 사람들과 얘기를 나눌 수 있을 정도면 됩니다. (대부분의 저자는 이 부분을 포기합니다. 이는 어떤 주제에 대해 공식적인 인정을 얻어 권위가 생겨야만 글을 쓸 수 있다는 고정관념 때문인데, 전혀 전략적인 사고가 아닙니다.)

둘째, '고객의 니즈' 원 안에는 고객들에게 가장 많이 듣는 질문을 적습니다. 그들이 고민하는 점과 해결하고 싶어 하는 문제가 바로 고객의 니즈입니다. 문장 표현에는 신경 쓰지 말고 고객이 당신을 만나고 싶어 하는 이유를 적어 보세요.

셋째, 앞을 내다볼 차례입니다. '나의 미래' 원 안에는 다음 세 가지를 적어 넣습니다.

내가 속한 산업: 어떤 트렌드와 기술이 뜨고 있나? 이것이 중단기적으로 가져올 변화는 무엇인가? 기존의 질서는

○ 스포츠에서 야구 배트 혹은 테니스 라켓 등에 공이 맞았을 때 가장 멀리 날아가는 타격 지점.

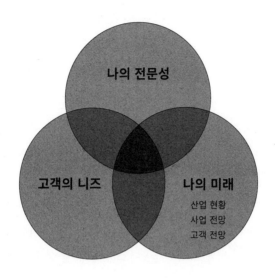

스위트 스폿 벤 다이어그램

어떻게 변하고 있으며 어떤 새로운 기회가 떠오를까?

나의 사업: 이러한 변화에 비추어 볼 때 향후 5년 동안 나의 사업은 어떤 방향으로 나아갈까? 어디에 집중하여 어떻게 성장해 나갈 예정인가? 지금까지 해 온 일이나 사업을 확장할 계획인가? 아니면 새로운 영역을 개발할 것인가?

나의 고객: 지금 고객들이 요청하기 시작한 것은 무엇인가? 내년에는 어떤 것을 요구할까? 지금으로부터 5년 후에는? 그들이 아직 모른다는 사실조차 모르는 부분은 무엇일까?

이제 세 가지 원이 겹치는 부분을 봅시다. 이곳이 바로 나의 전문성과 고객의 니즈가 만나 미래로 나아가는 출발점입니다.

SO What?

혹시 SWOT 분석, 기억하나요? 뻔하지만 경영 컨설팅을 할 때 강점Strength, 약점Weakness, 기회Opportunity, 위험 요소Threat를 찾는 이유가 있습니다. 그만큼 유용하거든요. 혹시나 SWOT 분석을 처음 접하는 독자를 위해 소개합니다.

강점과 약점은 내부(나와 나의 사업)에 있는 요소이고, 기회와 위험 요소는 외부(바깥세상에서 벌어지는 일)에 있는 요소입니다.

강점은 내가 남들과 달리 경쟁 우위를 점할 수 있는 독창적인 요소입니다. 내 상품을 포지셔닝할 때 굉장히 중요합니다. 나만의 강점을 찾는 일은 생각보다 어렵습니다. 그럴 땐 나를 잘 아는 주변 사람에게 묻거나 'VIA 성격 강점 검사' 같은 강점 찾기 서비스를 이용해 보세요.

요즘에는 약점을 드러내지 않는 분위기지만 내가 취약한 부분을 알아 둬야 계획을 제대로 세울 수 있습니다. 체계적으로 일하기 어려운 것이 당신의 약점이라면 계획을 세우고 수행할 방법을 강구해야겠죠. 기술적인 부분을 처리하기 어렵다면 IT 지원 서비스를 계약하거나 이 분야에 능통한 친구의 도움을 받는 것도 좋은 방법입니다.

여기서 말하는 기회란 당신이 전략을 세울 때 가장 효과적인 방법을 찾아 선택하는 겁니다. 세상에는 다양한 기회가 있지만 그 모든 것을 동시에 추구할 수는 없으니까요. 어떤 기회가 있다고 인식하는 단계에서 한 걸음 나아가 우선순위를 정해야 합니다. 어떤 기회가 가장 매력적일까요?

당신이 선택한 기회는 상업적으로도 최선이어야 하지만 당신이 추구하는 가치와 독창적인 개성, 현실과 맞아떨어져야 합니다. 가장 좋은 건 당신의 강점을 극대화하고 약점을 보완할 수 있는 기회를 찾는 것이겠죠.

외부의 위험 요소는 완전히 없애기보다는 완화시킨다는 생각으로 접근하세요. 물론 문제가 있음을 알아차리는 선에서 끝내선 안 되고 실제 업무에 반영되어야 합니다. 제품군을 다양화할 수도 있고, 고객층을 확장할 수도 있고, 미리 보험에 가입할 수도 있겠죠. 경쟁 업체와 어떻게 차별화할지도 생각해 보세요.

SWOT 분석이 이렇게 유용한 도구였다니, 새삼 놀랍지 않나요? 하지만 이렇게 정리한 방식이 책의 주제를 선택하는 데 실제로 도움이 될까요? 이 시점에서 제가 만든 'SO What?' 모델을 소개합니다. 물론 SO는 강점과 기회입니다. 일단 SWOT 분석을 해 보면 당신이 이용할 수 있는 최고의 기회와 편안하게 발휘할 수 있는 강점이 분명해집니다. 여기서 중요한 질문은 당신이 쓰려는 책에 이 두 가지가 최대한 활용되고 있는가 하는 것입니다. 이 두 가지가 겹치는 곳이 바로 책의 '스위트 스폿'입니다.

예를 들어 볼까요? 팀 페리스는 『나는 4시간만 일한

다』라는 책에서 자신이 겪은 특이한 경험과 디지털 노마드에 대한 갈망을 잘 엮어서 보여 주었습니다. 그다음 책인 『포 아워 바디』와 『포 아워 셰프』The 4hour chef에서는 건강과 음식에 대한 자신의 관심을 조화시켜 책 속에 담아내는 데 성공했지요.

작가 브랜트 쿠퍼와 패트릭 블라스코비츠는 실용적인 창업 경험과 교육 기술을 결합한 내용의 『린 기업가』The Lean Entrepreneur라는 책으로, 에릭 리스가 기업가로서 겪은 경험과 린 제조 과정을 담아 쓴 책 『린 스타트업』으로 일으킨 사업 방법론 혁명의 흐름에 올라탔습니다.

아직 구체적으로 쓰고 싶은 책이 무엇인지 발견하지 못했다면 바로 지금 브레인스토밍을 해 보세요. 나만의 강점과 가장 흥미로운 기회가 결합한다면 과연 어떤 책이 탄생할 수 있을까요?

우선순위 사분면

앞에서 소개한 분석틀을 활용해 봤다면 괜찮은 아이디어가 몇 개 떠올랐을 거예요. 타깃 시장에 초점을 맞추어 나의 강점을 발휘해 외부에 있는 기회를 잡을 수 있게 해 주는 아이디어죠. 그럼 어떤 일부터 시작해야 할까요?

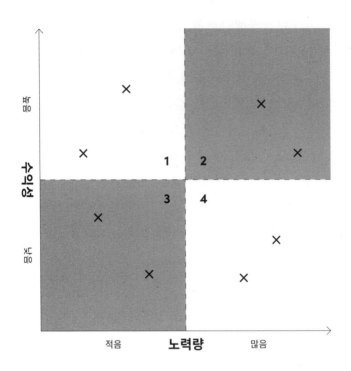

우선순위 사분면

그냥 자신이 가장 끌리는 것을 택하면 됩니다. 어차피 결국에는 그쪽으로 가게 마련이니까요. 하지만 객관적으로 생각해 볼 필요는 있습니다. 언젠가 할머니가 말씀하셨듯이, 우리는 무엇이든 할 수 있지만 모든 것을 할 순 없으니까요. 책을 쓰려면 시간과 에너지라는 소중한 자원을 꽤 많이 투자해야 합니다. 책 쓰기가 사업을 위한 것이라면 열정만 담보로 삼지 말고 투자자본수익률(ROI)Return On Investment을 바탕으로 결정을 내리세요.

애자일Agile 소프트웨어를 개발할 때 개발팀은 가장 짧은 개발 단위인 '스프린트'Sprint에 포함할 항목과 기능의 우선순위를 정해야 합니다. 이런 과정을 거듭하다 보니 개발 분야에서는 우선순위 결정에 도움이 되는 가볍고 효과적인 도구가 많이 개발되었습니다. 책을 쓰는 전문가가 빌려 쓰기에도 안성맞춤이죠.

가장 간단한 도구는 우선순위 사분면입니다. 고민 중인 모든 프로젝트와 할 일을 '수익성'과 '노력'이라는 두 축위에 분류하는 것입니다. 이 방식은 책 쓰기의 아이디어를 평가할 때도 매우 유용합니다. 가장 먼저 적용해야 할 아이디어는 1사분면에 속하는 것으로, 투자 비용은 가장 적은 반면 효과가 가장 높습니다.

하지만 1사분면에 있는 아이디어만 실행해야 하는 건 아닙니다. 2사분면과 3사분면에 있는 아이디어도 어떤 효과를 창출할 수 있을지 고려해 볼 만합니다. 2사분면에 있는 아이디어는 가장 빨리 성공할 수 있는 것들입니다. 잘 발전시키면 새로운 제품, 강의, 블로그 콘텐츠나 무료 전자책으로 만들 수도 있습니다. 3사분면은 새로운 가능성을 나타내는 것으로, 이 영역에 속하는 아이디어는 생각할 시간이 필요하며 본업 아닌 부업 정도로 검토할 가치가 있습니다. 4사분면이요? 이곳은 사실상 아이디어의 무덤입니다. 귀 얇은 다른 사람에게 양보하세요.

의사 결정 점수표

앞에서 소개한 우선순위 사분면이 너무 두루뭉술하다고 느껴진다면 각자의 상황을 반영한 의사 결정 점수표를 만들어 보세요.

먼저 책으로부터 얻고자 하는 목표를 나열해 봅니다. 책을 통해 궁극적으로 얻고 싶은 것은 무엇인가요? 그 성취를 어떤 기준으로 측정할 수 있을까요? 세로 칸에는 생각나는 모든 성취 목표를 적고 가로 칸에는 당신이 생각하는 주요 성공 요소를 적습니다. 간단한 예를 살펴볼까요?

	빨리 쓸 수 있음	타깃 고객에 들어맞음	계획한 비즈니스 활동과 맞음	전략적 네트워크를 구축할 수 있음	합계
요소 1	3	9	9	5	**26**
요소 2	9	5	3	2	**19**
요소 3	7	9	9	8	**33**
요소 4	4	2	2	6	**14**

　당연히 합계가 가장 높은 것이 최고의 아이디어일 테지만, 혹시 어떤 기준이 나머지 다른 기준보다 중요하다면 조금 복잡해질 수 있습니다. 제 고객 중에서는 이 점을 해결하려고 각 기준마다 가중치를 부여한 스프레드시트를 만들기도 했습니다. 아마도 자신이 원하는 결과를 도출하기 위해 의도적으로 설계한 것 같습니다. 그래도 괜찮습니다. 가끔은 직감에 따를 필요도 있죠. 합리적인 평가는 언제든 시도할 수 있으니까요. 적어도 이 점수표에 따라 수행하는 게 아무 기준 없이 무작정 결정하는 것보다는 이성적입니다.

포지셔닝

비즈니스 전략과 타깃 시장과 당신이 쓸 책의 상이 구체화되었다면 포지셔닝 문장이 이 모든 것을 하나의 전략으로 감싸 줄 겁니다. 특히 전략적 사고의 마지막 단계에서 콘텐츠 마케팅을 계획하거나 책을 더 구체적으로 쓰고자 할 때 유용합니다. 제가 이 과정을 좋아하는 이유는 지금까지 배운 모든 것을 실제 사업에 즉시 적용할 수 있는 형태로 만들어 내기 때문입니다. 바로 이 책이 추구하는 바죠.

포지셔닝 문장은 마케팅 콘텐츠(궁극적으로는 나의 책)의 전략 가운데 누구를 위한 것인지, 무엇이 차별화될 수 있는지, 그것이 왜 중요한지 등의 핵심만 추려 낸 것입니다. 간략한 한두 문장만 제대로 만들어 내면 커다란 이점 두 가지를 얻을 수 있습니다. 바로 당신의 전문성과 사업을 차별화하는 요소를 정확히 파악하고, 이 차별성을 세상에 알리는 방식을 깨우치게 해 준다는 것입니다.

포지셔닝 문장은 어떻게 작성할까요? 다음 질문에 대답을 적으면서 브레인스토밍부터 시작하세요.

나는 누구인가?

내 전문 영역과 사업은 무엇인가?

나의 이상적인 고객은 누구일까?

이상적인 고객의 니즈는 무엇일까?

내 경쟁 상대는 누구인가?

경쟁 상대와 차별화되는 나만의 특장점은 무엇일까?

내가 줄 수 있는 독창적인 혜택은 무엇인가?

이제 가장 단순하고 강력한 형태의 비즈니스 표현에 도달할 때까지 공력을 기울여 문장을 다듬어 주세요. 필요하다면 다음과 같은 양식을 활용해도 됩니다.

[타깃 고객] 을 위해 [다음 문제] 를 가지고 [이러한 해결책] 을 제공하여 [주요 혜택] 을 줄 것이다. [경쟁 상대의 어떤 부분] 과는 다르게 [차별화된 지점] 을 제공할 것이다.

2001년 당시 아마존은 급진적인 비즈니스 모델을 설명하기 위해 다음과 같은 포지셔닝 문장을 사용했습니다.

[인터넷 사용자] 중 [책을 좋아하는 고객] 을 위해 [아마존닷컴] 을 만들었다. 이 서점은 110만 권 이상의 책에 접근할 수 있으며 [기존의 소매 서점] 과 달리 탁월한 [편의성과 저렴한 가격 및 다양한 선택의 조합] 을 제공할 것이다.

사람들과 대화할 때 포지셔닝 문장을 사용해 보는 것도 좋습니다. 사람들이 당신의 말을 잘 이해하는지, 말하는 당신의 마음도 편한지 살펴보세요. 사람들이 당신의 포지셔닝 문장에 만족한다면 그대로 사용하세요. 다만 비공식적인 자리에서는 조금 더 부드럽고 편안한 문장으로 표현해도 좋습니다. 포지셔닝 문장이 비즈니스에 적절히 반영되고 있는지 정기적으로 확인하세요. 책을 쓸 때는 전체적으로 포지셔닝 관점이 잘 유지되는지, 표현이 명료한지, 저자가 아닌 사업자로서 당신의 포부를 뒷받침하는지 내용을 점검해 보세요.

당신이 누구를 위해 일을 하며 무엇을 하고 있는지 확실히 알게 되었다면, 지금 쓰고 있는 책이 그것을 토대로 작성되었는지 확인하세요. 대필 작가인 지니 카터는 이것을 '합리화'라고 부릅니다. 즉 '이미 보유한 마케팅 대상으

로 삼고 있는 비즈니스 독자를 도서 독자와 일치시키는' 것
이지요. 이렇게 하면 훨씬 더 효율적으로 글을 쓰고 마케팅
을 진행할 수 있습니다.

커브 마케팅

『모두에게 주고 슈퍼팬에게 팔아라』라는 책에서 니콜라스 로벨은 시대적 흐름에 올라타려면 공짜 전략으로 최대한 많은 관심을 끈 다음 그중에서 나에게 고액을 지불할 의사가 있는 슈퍼팬에 집중하라고 말합니다. 이러한 마케팅을 설명하기 위해 '커브'Curve라는 개념을 제시했습니다. 그래프의 가로축은 기꺼이 큰돈을 쓸 의향이 있는 고객에서 시작해 오른쪽으로 갈수록 그렇지 않은 고객을 나타냅니다. 세로축은 고객의 지불 액수로, 위로 갈수록 금액이 높아집니다. 그 점들을 연결해 선을 그으면 맨 앞부분에서 세로축이 가장 높이 올라갔다가 급격하게 꺾이면서 오른쪽으로 갈수록 바닥 가까이 낮게 뻗어 나가는 곡선이 생깁니다. 니콜라스는 물건이든 서비스든 디지털 콘텐츠든 고객이 이 '커브'를 따라 최종적으로는 슈퍼팬이 될 수 있도록 공짜에서부터 고가의 상품까지, 다양한 단계를 만들어 이끌어야 한다고 주장합니다.

　　책을 쓰기 전에 당신의 책이 커브의 어느 지점에 적합한지 생각해 봐야 합니다. 자신의 사업을 성공적으로 확장

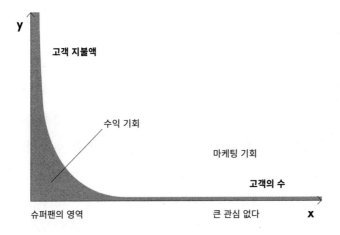

x축: 당신의 상품에 소비할 액수에 따라 분류된 전 세계의 고객
y축: 고객 한 사람이 당신의 상품에 지불할 의사가 있는 금액

해 나가는 사람들은 다양한 가격대의 제품을 개발하며, 사람들의 관심과 참여를 유도하기 위해 제품이나 서비스를 무료로 제공하는 경우가 많습니다. 사실 이는 콘텐츠 마케팅의 기본 원칙이기도 하죠. 하지만 당신의 책이 과연 어떤 단계의 고객, 즉 당신과 당신의 일에 어느 정도의 관심을 가진 고객을 대상으로 하는지 전략적으로 분석해야 합니다. 니콜라스 로벨은 이렇게 설명합니다.

커브는 세 단계로 나뉩니다. 첫째, 청중을 찾아야 합니다. 콘텐츠를 무료로 제공하면 좋겠지만 반드시 그래야 하는 건 아닙니다. 둘째, 이렇게 확보한 청중과 대화할 기회를 얻어야 합니다. 그러나 당신의 콘텐츠가 지루하고 형편없어서 구독을 취소한다면 뉴스레터를 제공하는 건 별 의미가 없습니다. 셋째, 질 좋은 상품을 제공해서 다시 대화할 기회를 얻었다면 당신에게 기꺼이 돈을 지불하고 싶어 하는 사람, 당신의 일을 사랑하는 사람, 당신에게 열광하는 사람, 즉 슈퍼팬들이 가치 있다고 느끼는 것을 만들어 팔아야 합니다.

저는 고객과 함께 이 커브 방식을 정기적으로 활용하

고 있습니다. 그리고 간혹 이 방식이 실패하는 몇 가지 흥미로운 유형을 발견했습니다.

첫째, 조기 중단하는 경우입니다. 대부분의 브랜드나 크리에이터는 슈퍼팬이 큰돈을 지불할 만한 아이디어를 발굴하지 못합니다. 대체로 활용되는 것은 무료 웨비나, 뉴스레터, 온라인 강좌, 워크숍, 일대일 상담 등이죠. 다 좋습니다. 하지만 일대일로 만난 고객이 그보다 더 나은 혜택을 원한다면 어떻게 해야 할까요? 어떤 제품과 서비스를 만들어야 슈퍼팬이 지갑을 열어 당신을 깜짝 놀라게 할까요? 1년에 하나만 판매해도 좋은 최상급 수준의 VIP 패키지를 네다섯 개까지 판매할 수 있다면 당신의 브랜드와 사업 가치는 단숨에 새로운 단계로 올라설 겁니다.

둘째, 빈틈이 있는 경우입니다. 책과 가장 이상적인 컨설팅 사이에 새로운 단계의 제안이 없다면 관심은 있으나 완전히 매료되지는 않은 잠재 고객을 잃을 수밖에 없습니다. 사람들이 당신을 알고 신뢰하기 위해서는 시간이 필요합니다. 어떤 고객은 커브를 따라 순차적으로 이동하며 당신을 신뢰하기까지 몇 년이 걸릴 수도 있습니다.

셋째, 단계별 진행이 매끄럽게 연결되지 않는 경우입니다. 니콜라스 로벨이 말했듯이 당신의 임무는 사람들이 커브를 따라 움직이도록 단계를 만드는 것입니다. '여기서 더 원한다면 다음 단계로 가면 됩니다'라고 안내하는 거죠. 어떤 사람은 (적어도 지금은) 그 단계에 만족하여 잠시 멈추기도 하고, 어떤 사람은 더 많은 것을 원하기도 할 겁니다. 더 많은 것을 원하는 사람에게 한 번의 클릭으로 다음 단계를 쉽게 파악하고 계속 나아갈 수 있도록 준비해야 합니다.

당신이 출판할 책은 공짜가 아니지만 짤막하게라도 무료 맛보기를 제공하여 당신의 책을 구매하도록 유도할 수 있습니다. 이 방식을 써 본 사람이라면 알겠지만, 아마도 독자는 한두 챕터의 맛보기 내용으로는 만족하지 못할 겁니다. 로벨이 말했듯이 "공짜는 완전한 경험이거나 전체가 유용한 내용으로 이루어져야" 합니다. 로벨은 『공짜가 난무하는 세상에서 돈 버는 10가지 방법』이라는 짧은 무료 전자책을 출간한 적이 있습니다. 이 책에는 커브를 구현하기 위한 10가지 실용적인 아이디어가 담겨 있습니다. 무엇보다도 아마존 알고리즘을 똑똑하게 활용하고 있습니다. 이 책을 다운로드한 모든 사람은 '이 책을 구매한 고객이 고른 책' 목록 상단에서 『모두에게 주고 슈퍼팬에게 팔기』를 확인할 수 있습니다. 그렇다면 이 책을 다운로드한 사람은 그 다음 어떤 선택을 할까요?

당신이 제공한 커브에서 책을 다 읽은 독자를 위한 다음 단계는 무엇일까요? 당신의 잠재적 슈퍼팬은 당신의 책을 끝까지 읽은 후 '이 책은 정말 좋군! 그다음에는 뭘 하면 되지?'라고 자문할 겁니다. 이때 슈퍼팬에게 명확한 답을 주는 것이 바로 당신이 할 일입니다.

구매 버튼 테스트

내 책이나 사업 아이디어의 전망이 어떨지 제대로 알고 싶다면 사람들에게 물어볼 게 아니라 사람들이 실제로 어디에 돈을 쓰는지 확인해야 합니다. 저는 직접 밖에 나가서 시장 조사를 해 본 적이 있습니다. 사람들에게 제품에 대해 설명한 뒤 '어때요? 이 제품을 사고 싶으세요?'라고 물어봤을 때, 대부분은 '아니요'라고 말하기 미안해서 또는 제 열정에 감화되어 그 자리에서는 '네, 꼭 살 거예요.'라고 대답합니다.

실제로 구매하는 사람도 있고 구매하지 않는 사람도 있겠죠(구매하지 않을 가능성이 크지만). 이런 경우 실제로 돈을 지불하기 위해 구매 버튼을 클릭한 횟수를 측정하는 방법이 훨씬 더 신뢰할 만합니다. 이 방법은 심지어 아직 판매할 제품이 없는 경우에도 사용할 수 있습니다.

니콜라스 로벨은 '부분유료(F2P) 게임 안내서'라는 새로운 게임 책 아이디어를 떠올렸습니다.

저는 이 책을 팔 시장이 있든 없든 신경 쓰지 않았어요. 그냥 가장 빠르고 저렴한 방법으로 테스트해 보고 싶었거든요. 무작정 제 웹사이트에 광고를 올리고 "지금 구매하세요!"라는 문구를 넣었죠. 이 광고를 클릭하면 다음과 같은 문장이 담긴 페이지가 뜹니다. "저기, 죄송한데요. 실은 아직 책을 쓰지 않았어요. 사람들이 관심이 있는지 먼저 알아보고 쓰려고요. 방문자 통계에서 관심 있는 분이 충분히 많다고 확인되면 그때부터 쓰겠습니다. 제가 책을 내기를 원하신다면 이메일 주소를 알려 주세요. 책이 준비되는 대로 곧장 메일을 보내겠습니다." 대략 2주 동안 150통의 이메일을 받았습니다. 그 정도면 충분히 시장성이 있다고 판단했고 수익을 기대할 수 있겠다는 생각이 들었어요.

이런 과정을 거쳐 출판한 책으로 8천만 원의 매출을 달성했으니, 그의 판단이 옳았다고 할 수 있겠군요.

꽤 배짱이 필요한 일이죠. 아직 쓰지도 않은 책이 궁금해서 클릭한 사람들을 설득할 만한 메시지를 만들어 내야하니까요. 하지만 책을 쓸지 말지 고민될 때나 특정 제품을 새로 만들어야 할지 결정하기 힘들 때 시장 반응을 미리 알아보기에 수요 조사는 아주 좋은 방법입니다. 게다가 메일 주소를 등록해 글을 쓰는 과정 초기에 참여한 열정적인 사람들을 그대로 독자로 확보할 수도 있겠죠.

마이크로 틈새시장과 맞춤형 상품

주문 출판(POD)Publish On Demand 기술은 전문가와 사업가에게 새로운 가능성을 열어 주었습니다. 이제 비교적 빠르고 저렴하게 맞춤형 책을 소량 제작할 수 있습니다.

이 기술을 잘 이용하는 한 가지 방법은 마이크로 틈새시장에 맞게 책의 용도를 변경하는 것입니다. 마이클 E. 가버의 『내 회사 차리는 법』E-Myth 시리즈와 워런 나이트의 『#디지털을 먼저 생각하라』Think #Digital First가 이런 전략을 택한 사례입니다. 두 책은 원래 상당히 광범위한 독자를 대상으로 집필되었지만 특정 산업에 초점을 맞추어 주문 출판 방식을 택했습니다.

『내 회사 차리는 법』 시리즈는 구성에 큰 변화는 주지 않되 부동산이나 회계 등 각 분야에서 공동 저자를 선정하여 해당 분야의 구체적인 방법론을 적용한 사례를 이끌어 냈습니다. 워런 나이트는 책을 제작하기 전에 자신이 생각하는 틈새시장 버전의 샘플을 만들어 사람들에게 소개하는 용도로 사용했습니다.

저는 그냥 인쇄물을 들고 사람들 앞에 나타났습니다. 이것이 책 표지가 될 것이고, 이것이 챕터가 될 것이며, '기업가'라고 말하는 대신 '주얼리 사업'이라고 말하겠다고 했습니다. 그러자 사람들이 "세상에, 정말 멋지네요. 정말 마음에 들어요, 워런. 우리가 홍보도 해 주고, 이것저것도 해 주고, 책도 가져갈게요." 그래서 시작하기도 전에 잠재적 기회가 있다는 것을 알았죠. 첫 번째 분야는 주얼리 산업이었습니다. 그 후 선물 용품 산업, 미용 산업, 피트니스 산업, 보청기 산업에 진출했습니다. (……) 모든 산업은 개인화 및 고객과의 관련성이 중요하기 때문에 어렵지 않게 확장할 수 있었죠.

또 다른 가능성은 특정 고객에 대한 맞춤화입니다. 예를 들어 제 고객 중 한 명은 기업으로부터 대량 구매를 요청받았을 때는 CEO의 서문과 회사별 연락처 등의 세부 정보가 담긴 부록을 책에 추가하는 서비스를 제공하고 있습니다.

2장

플랫폼 키우는 법

요즘은 무엇을 팔든 사람들의 신뢰를 얻을 수 있는 다양한 접점을 마련해야 합니다. 예를 들어 사람들은 당신이 쓴 가치 있는 콘텐츠를 읽거나 당신이 공유한 트윗을 보고 훌륭하다고 생각할 수도 있고, 당신을 직접 만나거나 강연을 들을 수도 있고, 서가에 꽂힌 당신의 책을 볼 수도 있죠. 이처럼 참여할 수 있는 다양한 만남의 순간을 통해 독자는 당신에 대한 긍정적인 단기 기억을 장기 기억으로 옮기게 됩니다. 그러면 독자들은 적당한 어느 순간, 즉 어떤 도움이 필요할 때 당신을 떠올릴 겁니다.

존 홀이 밝혔듯 잠재 고객의 마음을 사로잡으려면 단순히 책을 출판하는 것만으로는 부족합니다. 사람들이 내 책을 읽어야 하는 이유, 즉 사람들의 관심사와 나의 책을 연결할 방법이 필요합니다. 어떤 독자가 특정 주제에 관한 책을 찾고 있다면 운 좋게 인터넷 서점에서 당신의 책을 발견할 수도 있겠지만 저자인 당신이 별로 유명하지 않다면 책을 발견하지도 못할 가능성이 큽니다. 플랫폼이 필요한 이유가 바로 여기에 있습니다.

펭귄출판사의 비즈니스 분야 브랜드인 '포트폴리오'Portfolio를 설립한 에이드리언 잭하임은 비즈니스 책을 기획하고 마케팅할 때 반드시 확인하는 부분이 있다고 합니다. 저자와 관계된 소셜미디어 팔로워 수, 블로그 검색 순위, 유튜브 채널과 팟캐스트 등을 모두 살펴보는 것입니다.

책을 처음 쓰는 사람이라도 의미 있는 플랫폼을 운영하고 있다면 출판을 긍정적으로 고려해 볼 만합니다. 그는 이미 커뮤니티를 만들었고, 책을 통해 더 큰 커뮤니티를 구축할 수 있으니까요. 출판사가 플랫폼을 가진 저자를 찾아 출판으로 독자를 확장하는 방식은 꽤 확실한 전략이죠.

때로 이 전략은 출판사에게 불리하게 작용하기도 합니다. 강력한 플랫폼이 있는 저자는 굳이 기존의 출판사를 통해 책을 내야 할 필요를 못 느낄 수 있으니까요. 10년 전까지만 해도 아이디어를 콘텐츠로 만들려면 출판사나 방송사가 필요했지만 지금은 아이디어를 홍보할 채널과 기술이 차고 넘치니까요. 아직까지 이 방식을 쓰지 않았다면 이번 기회에 도전해 보면 어떨까요?

자기만의 플랫폼을 관리하다 보면 부수적인 이득이 있다는 사실을 발견하게 됩니다. 바로 다른 크리에이터가 자신의 플랫폼에 나를 초대해 홍보해 주는 것으로, 이것은 개인 채널이 증가하는 시대에 나타난 상호주의적 사회 현상입니다. 따라서 내가 플랫폼에 정성을 들이면 들일수록 나타나는 성과도 기하급수적으로 늘어날 것입니다. 출판과 브랜딩은 바로 여기에서 시작합니다.

플랫폼부터 만들기

켈리는 어린 아들 둘을 키우는 워킹맘입니다. 대개 일하는 엄마들이 그렇듯 켈리 또한 항상 바쁜 일상에 쫓겨 자신의 삶을 통제하기 어렵다고 느끼게 되었죠. 하지만 켈리는 뭔가 다른 시도를 해 보기로 했습니다. 먼저 자녀 양육에 관한 강좌와 업무 생산성 교육을 받았고, 몇몇 친구와 작은 모임을 만들어 서로를 북돋아줄 수 있는 프로그램을 진행했습니다. 몇 년간 모임이 꾸준히 이어지자 그동안 함께 해 온 활동을 글로 옮겨 책을 내기로 했습니다. 켈리는 책을 쓰다가 문득 이런 생각이 떠올랐다고 합니다.

'이 책을 어떻게 팔지? 우리는 웹사이트도 없고 소셜미디어 계정도 없는 사람들인데…… 엄마 몇 명이 모여서 책을 펴낸들 누가 알아줄까?' 갑자기 아이디어에 대한 확신이 사라졌어요. 그러다가 생각을 바꾸기로 했죠. 아예 순서를 거꾸로 해 보면 어떨까? 먼저 웹사이트를 만들고 지금까지 우리가 쓴 글을 블로그 게시물로 올리는 거야.

함께 글을 쓰던 친구들은 이 의견을 달가워하지 않았습니다. "뭐야, 우리가 만든 콘텐츠를 웹사이트에 무료로 올려서 아무나 볼 수 있게 하자고? 이미 웹사이트에 있는 책을 누가 사려고 하겠어?"하지만 켈리는 동료를 설득해 '프로젝트 미'Project Me라는 브랜드를 만들었습니다. 처음에는 부지런히 블로그에 글을 올리다가 그다음에는 자료를 공유하거나 온라인 강의를 열었고, 나아가 오프라인 워크숍까지 개최했습니다. 활동을 넓혀 가다 보니 괜찮은 커뮤니티가 형성되었죠. 상황을 반전시킨 것은 바로 그 커뮤니티였습니다. 이제 다시 처음에 계획했던 책을 쓸 때가 되었죠.

사람들이 웹사이트에 올린 멋진 글을 모두 책에 실을 수 있었어요. 그리고 책 제안서 끝에는 "이 책을 사고 싶다는 독자가 이렇게 많습니다"라는 문장을 덧붙일 수 있었죠. 거의 모든 사람의 글이 책 속에 인용되어 있기 때문에 출판사도 탄탄한 독자층을 보유했다는 점을 확인할 수 있었으니까요. 나는 팔로워층을 보유하고 있고, 그들은 이 책의 모든 구성 단계에 참여한 셈이죠."

그래서 어떻게 되었을까요? 여러 출판사로부터 출간 제안이 이어지는 바람에 켈리는 자신이 준비한 제안서를 꺼낼 필요도 없었다고 합니다. 켈리는 책이 독립된 매체가 아니라 더 큰 플랫폼의 일부라는 점을 알아차렸습니다. 출판사는 물론 독자들이 기꺼이 당신의 책에 시간과 돈을 투자하려면 일단 그들이 관심을 가져야 합니다. 또한 책에 전문성이라는 가치를 부여하려면 책을 통해 수익을 창출할 수 있는 '다음 제안'이 담겨 있어야 합니다.

책을 쓰기 전에 콘텐츠, 제품, 서비스, 커뮤니티와 같은 플랫폼을 먼저 만들어 보세요. 켈리처럼 두 가지를 함께 만들어 투자 수익을 극대화한다면 가장 이상적이겠죠.

콘텐츠 전략 세우기

콘텐츠가 중요한 이유

사업을 하거나 브랜딩을 한다는 것은 곧 콘텐츠를 생산한다는 것을 의미합니다. 구글은 내용이 알찬 콘텐츠를 자주 올리는 이들에게 보상을 주는 데다 트위터 콘텐츠의 반감기는 분 단위로 갱신되니, 경쟁적으로 정보를 쏟아내는 다양한 채널은 이루 헤아릴 수도 없습니다.

널리 공유될 만한 양질의 멋진 콘텐츠를 만드는 일이 어쩌면 끝없이 반복되는 집안일처럼 느껴질 수도 있습니다. 당신은 블로그에 얼마나 자주 포스팅하나요? 일주일에 한 번씩 뉴스레터를 보내나요? 당신의 유튜브 채널에 영상을 꾸준히 올리나요? 오늘 발행할 트윗을 예약했나요?

비록 별 보람을 느끼지 못한다고 해도 이런 일들은 반드시 해야 하는 일입니다. 사업은 곧 관심입니다. 당신이 관심을 끌어내지 않는데 온라인 콘텐츠에 돈을 지불할 사람은 거의 없습니다. 도리 클라크는 구체적으로 이렇게 설명했습니다.

기자로서 저는 기사를 쓰고 원고료를 받곤 했습니다. 그것이 기자라는 직업의 정의였으니까요. 요즘도 여전히 기사를 쓰는 데 많은 시간을 할애하고 있지만 그에 대한 대가(원고료)는 전혀 받지 않고 있습니다. 하지만 기자였을 때보다 훨씬 더 많은 돈을 벌고 있죠. 이것이 가능한 이유는 저널리즘 콘텐츠를 중심으로 수익을 창출하는 방식을 활용하기 때문입니다. 당신이 어떤 기사를 써서 적확한 공간에 배치할 수 있다면 아마도 강의를 통해 2천만 원에서 2천5백만 원까지 벌 수 있습니다. 컨설팅 요청을 받을 수도 있고요. 전에는 상상할 수 없었던 기회가 생기는 겁니다. 전문 블로거 독 셜즈는 이렇게 말했죠. "우리는 열린 마음으로 인터넷에 다가가야 합니다. 콘텐츠 자체로 돈을 벌기보다는 콘텐츠를 기반으로 돈을 버는 세상입니다. 두 가지는 매우 다른 발상이죠."

온라인상에 콘텐츠를 올리기 시작하면 누군가 당신을 주목할 확률이 높아질 테고, 고객을 직접 만나기 전에 잠재적 관계를 형성할 수 있습니다. 당신의 글을 읽은 사람들이 당신에게 호감을 느끼고 신뢰하는 것, 이것이 바로 당신에게 돈을 쓰는 전제 조건입니다. 사람들은 온라인 세상에서 콘텐츠를 통해 새로운 사람을 만나고 알게 된 다음 돈을 씁니다.

책이 바로 콘텐츠 전략의 엔진

여기까지 읽고 한숨을 내쉬진 않았나요? 이미 감당할 수 없을 만큼 많은 콘텐츠를 만들었는데 책까지 쓴다는 건 미친 짓이 아닐까 싶겠죠. 다행히 좋은 방법이 있습니다. 책을 쓰는 과정 자체를 콘텐츠 전략의 엔진으로 활용하면 우리는 두 가지를 동시에 해낼 수 있습니다.

예를 들어 당신은 돼지 저금통에 매일 동전을 넣는 것처럼 책에 들어갈 내용을 날마다 차곡차곡 채워 나갈 수도 있습니다. 100일 동안 매일 동전을 저금해서 목돈이 만들어지면 그 값에 해당하는 어떤 물건을 살 수 있는 것처럼, 100일 동안 매일 3쪽씩 채워 나간다면 결국 300쪽 분량의 책을 완성하는 셈이죠. 하지만 완성되기까지 100일 동안은 아무 이익도 얻지 못할 겁니다. 반면 처음부터 콘텐츠 시리즈로 구성하여 사람들에게 게시한다면 글을 쓰는 동안에도 투자 수익을 거둘 수 있습니다. 예컨대 향후 6개월 이상 전개되는 콘텐츠 전략이 곧 책을 쓰는 과정인 것이죠.

그 과정에서 책을 독자적으로 홍보할 수 있는 플랫폼을 구축할 수도 있고, 당신의 아이디어와 표현 방식에 대한 피드백도 받을 수 있습니다.

콘텐츠 제작 계획 짜기

콘텐츠 제작 계획을 짜는 방법에는 여러 가지가 있습니다. 예컨대 '콘텐츠 마케팅 인스티튜트'CMI 사이트에서 꽤 유용한 한 페이지짜리 샘플을 얻을 수 있습니다. 다만 책과 마찬가지로 당신이 사업이나 브랜딩을 통해 달성하고 싶은 목표가 무엇인지 정확히 파악해야 시작할 수 있습니다.

제 경우 콘텐츠 홍보 전략을 의뢰받았을 때 의뢰인의 활동 계획부터 구상합니다. 즉 앞으로 6개월간 진행할 활동 내용을 목록화하고 나서 각 활동을 지원하는 내용을 중심으로 책의 목차를 구성합니다. (이 단계에서 활동과 책을 연계하기 어렵다면 처음으로 돌아가서 사업을 유리하게 만들 수 있는 내용이 무엇인지 검토해야 합니다.)

한 달 안에 당신이 네트워킹 관련 행사에서 강연할 예정이라면, 앞으로 '작업 목록'을 강연의 개요로 삼아 간략하게 정리할 수 있겠죠. 나아가 좀 더 큰 아이디어로 발전시켜 세상을 변화시킬 만한 사례로 만들 수도 있겠죠. 당신이 새로운 워크숍을 개최할 예정이라고 합시다. 우선 책의 밑천으로 활용할 만한 리플릿을 구성할 수 있을 겁니다. 제품을 홍보할 생각이라면 책에 게재할 만한 고객 사례를 블로그에 포스팅할 수도 있죠. 특정 분야에서 당신의 인지도를 높이고 싶다면 책의 일부를 간추려서 해당 분야의 영향력 있는 매체에 기고할 수도 있습니다.

콘텐츠 검토하기

집필을 시작하기 전, 당신이 지금 가진 콘텐츠가 어떤 것인지 생각해 보세요. 다만 주의할 점이 있어요. 당신에게 26시간 분량의 오디오 콘텐츠와 6주짜리 온라인 강의와 3년 동안 매주 포스팅한 블로그가 있다고 해 봅시다. 그 모든 내용을 모아 제목만 지어 붙이면 책이 된다고 생각해선 안 됩니다. 그런 방법은 처음 블로그를 시작할 때부터 출판을 목적으로 콘텐츠를 구성한 경우에 가능합니다.

오래된 콘텐츠는 당신이 걸어온 길을 반영하는 훌륭한 자료지만, 책은 미래를 위한 도구입니다. 따라서 지금 당신의 상황을 진단하는 데서 시작하는 게 좋습니다. 누구를 위한 글을 쓸 것인지, 전달하고 싶은 메시지는 무엇인지 명확히 결정한 뒤 당신이 오랫동안 쌓아 온 콘텐츠 가운데 무엇을 책에 포함해야 할지 찾아보세요.

대기업이 회사 웹사이트나 인트라넷을 정비할 때처럼 콘텐츠를 검토하는 방법이 있습니다. 가장 기본적인 단계는 다음과 같습니다.

콘텐츠 목록 만들기

콘텐츠 분류하기

분류한 콘텐츠를 바탕으로 (어떤 형태든) 활동할 목록 정리하기

3시간 정도 할애해서 최근 2년간 제작한 독창적인 콘텐츠를 정리해 보세요. 스프레드시트에 각 콘텐츠와 링크를 정리해도 좋습니다. 파일명은 쉽게 식별할 수 있게 지어 주세요. '블로그.doc'같은 제목보다는 의미 있는 이름을 쓰세요. 예를 들면 '콘텐츠 평가 블로그.doc'가 낫겠죠.

콘텐츠 목록을 만드는 동안 수록하고 싶은 메타데이터에 대해서도 생각해 보세요. 각 콘텐츠의 형태가 무엇인지 '분류' 항목을 적어 주는 것도 좋겠죠. 그래야 블로그 포스트, 기고한 글, 팟캐스트 대본, 교육용 스크립트를 구분할 수 있으니까요. 생성 날짜나 콘텐츠의 분량을 적어 주는 것도 좋습니다. 각 콘텐츠의 주제도 분류 항목으로 포함하세요. 블로그의 태그를 활용하면 좀 더 일관성 있는 분류가 가능합니다.

마지막으로 활동 목록과 비교하면서 책에 포함할 내

용이 더 있는지 평가해 봅니다. 나중에 수정할 수 있도록 기존 콘텐츠 전체를 알맞은 제목으로 분류해 놓고 추가 내용이 들어갈 자리를 표시해 두거나 두 문단 정도 발췌해 삽입해 두는 것도 좋습니다. 저는 이 책을 쓰면서 이 방법을 폭넓게 사용했습니다. 엑셀로 목차를 작성하고 옆 칸에 연관 콘텐츠 링크를 붙여 두는 식이지요. 팟캐스트 인터뷰를 하고 나서 포스팅한 몇 개의 블로그 게시물은 거의 수정하지 않았고, 새로운 글을 쓸 때도 미리 써 둔 콘텐츠에서 글의 실마리를 제공받을 수 있었습니다.

이 과정은 책뿐만 아니라 당신이 관여하고 있는 플랫폼에 적용해도 효과가 있습니다. 내가 올린 글 중에서 가장 자신 있으며 조회 수, 공유 수, '좋아요' 수도 가장 많은 콘텐츠를 찾아보세요. 이런 콘텐츠는 출판 용어로 '백리스트'backlist라고 불립니다. 예전에 이미 출판되었지만 처음 접하는 사람에게는 여전히 흥미를 제공하는 콘텐츠로, 대부분의 출판사는 백리스트를 통해 꾸준한 수익을 유지합니다. SNS에 새로운 링크를 소개할 때 정기적으로 백리스트로 안내하는 링크도 함께 올린다면 단번에 두 배의 마케팅 효과를 낼 수 있습니다. 실제로 『범상치 않은 비즈니스 북클럽』 팟캐스트를 소개할 때 이렇게 했더니 청취자 수가

하룻밤 사이에 거의 두 배가 되었거든요.

사람들에게 백리스트 콘텐츠를 알려주는 데 그치지 말고 가장 성과가 좋은 게시물을 업데이트하거나 손보는 것도 나쁘지 않은 방법입니다. 이는 출판사에서 좋은 성과를 거둔 책을 개정판으로 다시 내는 것과 비슷합니다. 원래 URL은 유지하고(모든 링크를 엉망으로 만들고 싶지는 않겠죠?) 진행 상황에 대해 설명하는 메모를 추가합니다. 예를 들면 "이 문서는 원래 2017년 4월에 작성되었으며 2018년 11월에 업데이트되었습니다." 같은 식이죠.

반응이 신통치 않은 게시물은 제목을 바꾸고 새로운 키워드나 태그 혹은 이미지를 추가해 다시 공유해 보세요. 모든 글은 두 번째 기회를 얻을 자격이 있습니다. 다만 시간이 지난 뒤 다시 보았을 때 부끄럽다면 그냥 조용히 삭제하면 됩니다.

나의 약력 쓰기

나의 아이디어를 세상에 알리기 위해 플랫폼에 첫발을 들일 때는 '당신은 누굽니까?'라는 질문에 대답할 적당한 말을 준비해 둬야 합니다. 이건 책을 쓸 때도 중요한 부분이죠. 제안서나 마케팅 자료에는 좀 더 강력한 약력이 필요합니다. 독자들이 당신을 주목할 수 밖에 없는, 남들과 구분되는 매력이 무엇인지 집중해 보세요. 어차피 하게 될 일이니 미리 해 두는 게 좋겠죠.

저는 정기적으로 10일 단위로 저자 지망생 그룹과 함께 도서 제안서 양식을 구성하고 검토하는 '기획서 쓰기 10일 챌린지'를 진행하고 있는데, 5일 차에 '저자 약력 쓰기'를 할 때는 많은 참가자가 힘들어합니다. 업계 최고의 회사에 제출할 이력서를 쓰는 일이나 마찬가지니까요. 너무 거만하지 않게 자신감을 드러내면서 신뢰감 있게 쓰려면 어떻게 해야 할까요? 어떤 부분에 집중하고 어떤 부분을 생략해야 할까요?

요즘에는 두 종류의 자격 증명이 있습니다. 공식적인 것과 사회적인 것입니다. 이 둘의 중요성과 균형을 어떻게 맞출지는 당신이 쓰고 있는 책의 종류에 달렸습니다. 공식적인 자격 증명으로는 수료한 학위나 참여했던 논문, 연구집 등이 있습니다. 당신이 전문가로 참여했던 프로젝트와 대표할 만한 경험을 정리해 보세요. 이런 종류의 자격 증명은 공식적인 기록으로 남는 만큼 신뢰성과 권위를 확보할 수 있습니다.

요즘은 사회적 자격 증명이 점점 중요해지고 있는 추세인데, 쉽게 말해 이 분야에서 당신이 얼마나 인정받고 있는지를 보여 줄 수 있는 모든 것입니다. 공식적 자격 증명으로 내세울 것이 별로 없다면 이쪽에서 두각을 나타내야겠죠. 다른 사람들이 내 말에 귀를 기울이고 있다는 사실을 입증할 수 있다면, 당신의 말이 가치 있을 거라는 믿음도 그만큼 높아질 테니까요. 사회적 자격 증명으로 무엇을 보여 줄 수 있는지 몇 가지 예를 들어 보겠습니다.

주도한 워크숍이나 세미나
운영하는 블로그의 인기 글이나 다른 매체에 기고한 글
게스트로 출연했거나 직접 운영하는 팟캐스트 또는 유튜브 채널
트위터, 인스타그램과 같은 SNS에서 보유한 팔로워 수

당신을 가장 강하게 어필할 수 있는 것을 선택하되 관련성이 충분한지 확인하세요. 재무 계획에 관한 책을 쓰려고 하는 사람에게 육아 콘텐츠로 1만 명의 팔로워를 보유하고 있다는 건 무의미한 일이겠죠.

책에 따라서는 개인적인 이야기가 약력의 중요한 부분이 될 수 있습니다. 하지만 그럴 때도 지켜야 할 점은 일과의 관련성에 집중해야 한다는 것입니다. 절대 구구절절한 자서전 스타일의 유혹에 빠져선 안 됩니다. 지금 당장은 당신의 약력이 중구난방이어도 괜찮습니다. 책을 쓰는 과정을 통해 플랫폼을 구축하고 강화할 수 있으니까요.

블로그 꾸리기

블로그를 하는 것은 당신의 특권이므로 아무도 방문하지 않는다 해도 계속 유지해야 합니다. 블로그에 올리는 생각에 당신의 이름을 붙여야 해요. 일어날 일을 예측하거나 이미 일어난 일을 설명해야 합니다. 당신이 중요하다고 생각하는 아이디어와 문화와 일에 대한 흔적을 1년 365일 매일 남긴다면 당신의 생각은 자연스레 깊어질 겁니다. 아마 무의식적으로 생각을 이어 나가면서 꿈도 꾸게 될 테죠. 매일의 루틴이 되는 것, 그게 바로 블로거가 받을 수 있는 가장 멋진 선물입니다. 누가 읽든 말든 중요하지 않습니다.

중요한 사실은 우리가 연결망과 무료 콘텐츠에 기반을 둔 경제 환경 속에 있다는 점입니다. 희소성이 아니라 풍요의 시대에 살고 있죠. 경제학은 그리스어로 '희소성'을 뜻합니다. 그러나 아이디어는 경제학이 다루는 일반적인 규칙을 따르지 않습니다. 우리가 깨달아야 할 것은 내 아이디어를 다른 사람과 공유할 때 그 가치는 하락하는 게 아니라 오히려 상승한다는 사실입니다.

『범상치 않은 비즈니스 북클럽』 팟캐스트에 꾸준히 등장하는 주제 중 하나가 바로 블로그의 중요성입니다. 세스 고딘의 글은 특히 열정적이고 설득력이 있습니다. 그래서 저는 세스와 대화를 나눈 다음부터 매일 블로그 포스트를 작성하기로 결심했습니다. 결과가 어땠을까요? 세스가 말한 대로였습니다. 꼭 매일이 아니라도 괜찮습니다. 생산성 전문가인 벡 에반스는 그 이유를 이렇게 말합니다.

흔히 '양보다 질'이라 생각하지만, 근본적으로 글은 많이 쓸수록 잘 쓸 수 있습니다. 의식적으로 글을 많이 쓰고 계속 배우고자 한다면 더 나은 작가가 될 수 있습니다. 글의 분량을 늘리고 매일 쓰는 습관을 기르고 많은 아이디어를 떠올리세요. 세상에 내놓기 전까지는 어떤 아이디어가 성공할지 알 수 없습니다.

블로그는 나의 발견 능력을 높여 주기도 합니다. 홍보 전문가인 벤 캐머런은 이 점을 강력하게 강조했습니다.

블로그는 여러 가지 면에서 유용합니다. 전문가로 자리매

김하도록 도울 뿐만 아니라 검색 엔진 최적화를 통해 전문적인 도움이 필요한 사람들이 저를 찾을 수 있게 도와주니까요. 책이 출판되었을 때는 사람들에게 책을 홍보해줍니다. 사람들이 구글에 '○○○ 사업을 하는 업체'라는 검색어를 치면 저를 찾을 수 있다는 뜻이죠. 구글의 알고리즘이 어떻게 작동하는지 알려져 있지는 않지만 보통 규칙적으로 양질의 새로운 콘텐츠를 올리며 다른 웹 페이지에서 내 블로그로 유입되는 하이퍼링크와 내 블로그에서 다른 웹 페이지로 연결되는 하이퍼 링크가 적절히 포함된 사이트를 선호합니다.

블로그를 통해 아이디어와 표현 방법을 테스트해 볼 수 있습니다. 댓글에 긍정적 반응이 급증한다면 당신의 아이디어에 확신을 가져도 좋습니다. 마지막으로, 블로그는 책을 쓰는 동안 책 내용의 일부를 공개해서 관심과 참여를 유도할 수 있는 수단입니다. 늘어난 '이웃'들이 당신을 지지하는 투사가 될 겁니다.

이미 정기적으로 블로그에 글을 올리고 있다면 더 똑똑하게 운영하는 방법을 알아볼까요? 사업과 관련된 책을 쓰려는 당신을 위해 좀 더 심화된 블로그 운영법을 알려 드릴게요.

먼저 시각적으로 생각하세요. 웹은 시각적인 공간이기 때문에 눈에 띄는 이미지를 써야 SNS 피드를 스크롤하는 사람의 시선을 사로잡을 가능성이 높습니다. 최소한 각 블로그 게시물에 '대표 이미지'를 설정하고 의미 있는 '대체' 텍스트와 설명을 사용해야 검색이 잘 됩니다. (이미지를 사용할 때는 책과 마찬가지로 저작권이 없는 이미지를 쓰거나 사용 조건에 따라 출처를 표서해야 합니다. 인터넷에 올라와 있고 저장이 된다고 해서 저작권과 상관없이 쓸 수 있는 것은 아닙니다!) '캔바'Canva나 '스텐실'Stencil 등의 무료 사이트°를 활용하면 블로그 제목과 브랜드에 어울리는 이미지를 쉽고 빠르게 얻을 수 있습니다. 한 단계 더 나아가 인포그래픽이나 다이어그램 같은 다양한 방식으로 전달하고 싶은 내용을 표현해 보세요. 이때 만든 자료는 책에 맞게 재사용할 수 있으니 효율적이기도 하죠.

카테고리를 활용하세요. 대부분의 블로그는 카테고리를 만들 수 있습니다. 이 카테고리를 책을 포함한 콘텐츠 전략의 핵심 요소로 활용해 보세요. 먼저 큰 주제를 정한 다음 카테고리들을 하위 주제로 배치하는 겁니다. 그리고 블로그의 글들을 유형별로 분류합니다. 제 고객들이 사용

○ 국내 서비스로는 '미리캔버스'를 많이 사용한다.

하는 유형 카테고리는 '노하우, 심층 분석, 주간 챌린지, 사례 연구, 인터뷰, 탑10, 인포그래픽, 리뷰, 자료 모음' 등이 있습니다. 유형 카테고리를 만들면 콘텐츠 전략을 설계할 때도 유리하고 결과물의 틀을 일관성 있게 유지할 수 있습니다.

클릭을 부르는 장치를 추가하세요. 내용이 좋은 글을 단순히 게시하기만 해서는 안 됩니다. 독자가 글을 끝까지 읽었다면 분명 그 주제에 관심이 많은 사람일 테니 다음 단계로 넘어갈 수 있는 장치를 마련해 둘 필요가 있습니다. 블로그 글이 끝나는 지점에서 새로운 연결을 만들어 내는 거죠.

뉴스레터 발행하기

콘텐츠 마케팅과 SNS로 사람들의 관심을 끄는 데 성공했다면 수익을 창출하기 위한 단계로 나아가야 합니다. 뉴스레터를 활용하면 단순한 관심을 지속적인 관계로 전환할 수 있습니다.

인터넷 시대에 충실한 뉴스레터는 사업과 브랜드의 생명줄입니다. 책을 쓸 때나 사업을 시작할 때 그리고 그 이후에도 우리는 구독자를 늘릴 수 있습니다. 구독자를 잘 모으려면 세 가지 단계를 거쳐야 합니다.

적합한 사람들이 가입하도록 유도하기

숫자 놀이에 빠지지 마세요. 구독자 수가 10명이든 10,000명 이상이든 중요한 것은 그들이 누구이며 얼마나 참여도가 높은가 하는 것입니다. 타깃 시장에 있는 100명이 자동 삭제 기능을 설정한 무작위 10,000명보다 훨씬 낫습니다.

그렇다면 제대로 된 미끼가 필요하겠죠. 어떤 혜택을 제안해야 꿈의 고객이 뉴스레터를 구독할까요? (안타깝게도 '뉴스레터 구독하기'라는 문구는 그다지 매력적이지 않습니다.) 제 경우 가장 강력한 혜택은 '기획서 쓰기 10일 챌린지'이고, 그다음 단계로는 '킥스타트 워크북'였습니다. 둘 다 제가 가장 접촉하고 싶은 사람들, 즉 사업을 위한 출판 기획의 초기 단계에 있는 사람들에게 실질적인 가치를 제공했으니까요.

구독자 유지하기

뉴스레터를 구독한다는 것은 데이트 약속을 하는 것과 같습니다. 아직 그들은 당신을 잘 모르는 상태라는 거죠. 따라서 처음 보내는 이메일에는 첫 데이트를 할 때처럼 당신의 매력적인 모습을 전달해야 합니다. 뉴스레터에서 자신의 콘텐츠를 홍보해도 괜찮지만, 구독자를 유지하려면 유용하고 재미있는 콘텐츠에 더 비중을 두어야 합니다.

구독 취소는 언제든 일어나는 일이니까 너무 걱정하지 마세요. 콘텐츠에 관심 없는 구독자가 관성이나 미안함 때문에 구독자 명단에 남아 있는 쪽이 오히려 서로에게 좋지 않습니다. 하지만 특정 뉴스레터를 발행한 후 갑자기 구독 취소가 몰린다면 해당 내용을 검토하고 잘못된 점을 수정해야 합니다.

뉴스레터 제대로 작성하기

콘텐츠 마케팅과 마찬가지로 뉴스레터 내용 중에서 클릭을 부르는 문구는 무엇일지 고민해야 합니다. 이렇게 강렬한 문구는 가급적이면 레터를 한 번 발행할 때 한 번만 사용하세요. 그리고 구독자가 단순히 제품을 구매한 게 아니라 보상 받는 기분을 느끼도록 구성하세요. 할인 코드, 콘텐츠 선공개, 무료 자료 소개, 보너스 자료 제작 등을 제공해 보세요.

뉴스레터를 보내는 주기는 편한 대로 정하세요. 저는 일주일에 한 번 발송하는데, 콘텐츠가 풍부하기 때문에 작성하는 데 시간이 꽤 걸립니다. 이메일을 보내는 빈도와 내용의 품질, 어조, 구조 모두 일관성이 중요합니다. 당신과 구독자에게 적합한 조건을 찾아서 유지하세요. 정기적으로 발송되는 뉴스레터의 가장 큰 장점은 수신자가 클릭해서 읽지 않더라도 항상 인식한다는 점입니다. 구독자가 언제 메일을 열어 보고 또 구매를 결정할지는 알 수 없는 일입니다.

뉴스레터에 당신의 책을 추가하면 훨씬 더 흥미로운 활동을 전개할 수 있습니다. 구독자에게 자료로 활용할 만한 사례를 모은다거나 표지 디자인에 대한 피드백을 받는 다거나 집필 과정의 뒷이야기를 공유해 관심과 참여를 유도할 수 있으며, 출간 후 홍보 이벤트도 알릴 수 있어 궁극적으로는 도서 구매로 연결할 수 있습니다. 조애너 펜은 이렇게 말했습니다.

10,000명의 구독자를 확보했을 때 '지금 제 책을 구입할 수 있습니다. 구매하려면 여기를 클릭하세요'라는 이메일을 보낼 수 있다면 얼마나 큰 마케팅 효과를 낼 수 있을지 상상해 보세요. 모든 아마존 베스트셀러 마케팅이 기본적으로 이런 방식을 사용합니다.

이메일 자동화에 자신감이 생겼다면 마지막 이메일에 대한 응답을 기반으로 자동 회신 이메일을 생성하고, 목록을 세분화하여 메시지를 더 좁게 타깃팅하고, 행동에 따라 사람들을 한 캠페인에서 다른 캠페인으로 이동하는 워크플로우를 만드는 등 온갖 고급 기술을 사용할 수 있습니다. 무엇보다 중요한 것은 양질의 유용한 콘텐츠를 구독자에게 정확히 제공하는 것입니다.

팟캐스트 열기

이 책을 쓰면서 가장 잘한 일은 『범상치 않은 비즈니스 북 클럽』 팟캐스트를 시작한 것입니다. 팟캐스트는 이 책을 쓰기 위해 시작했는데, 이유는 두 가지입니다.

먼저 책임감을 키우려 했습니다. 제 책이 어떻게 진행되고 있는지 매주 전 세계에 방송한다면 부끄러워서라도 책을 써야 할 것 같았거든요. 두 번째는 '사업을 돕는 책 쓰기'에 대한 책을 쓰려면 관련 사례가 필요했기 때문입니다. 그러려면 잘나가는 저자와 전문가를 만나야 했고, 팟캐스트가 적절했지요.

생각보다 오래 걸렸지만, 저는 두 가지 목적을 훌륭하게 달성했을 뿐 아니라 팟캐스트에는 그 이상의 가치가 있다는 것을 알게 되었습니다. 팟캐스트는 채널 구축뿐 아니라 네트워크와 사업 확장, 자기 브랜딩에도 효과적이기 때문에 자기 채널을 만들고자 하는 모든 사람에게 추천할 만한 전략이라고 생각합니다.

팟캐스트가 유행하기 전인 2009년부터 팟캐스트를 시작한 조애너 펜은 일관성 있게 꾸준히 진행할 수만 있다면 자신과 관심사가 비슷한 사람들과 소통하는 데 팟캐스트가 최고라고 강조했습니다. 그 외에도 여러 플랫폼 중에서 팟캐스트가 유리한 이유는 몇 가지 더 있습니다. 유튜브 동영상을 제작하려면 성능 좋은 카메라, 조명, 동영상 편집 기술이 있어야 하는 반면 팟캐스트는 그보다 훨씬 수월하게 제작할 수 있습니다. 저는 맥북 프로에 내장되어 있는 마이크 하나로 시작했습니다. 편집을 할 때는 스카이프와 통화 녹음기 같은 무료 소프트웨어를 사용합니다. 무엇보다 팟캐스트는 잠옷 차림으로도 녹음할 수 있죠.

팟캐스트는 인터뷰 형식을 활용해 좋아하는 주제에 관해 다양한 사람들과 이야기를 나눌 수 있습니다. 인터뷰하는 일은 호기심을 충족시킬 수 있는 좋은 방법입니다. 당신이 대화를 즐기면서 무언가를 배운다면 듣는 사람도 같은 효과를 얻을 것입니다. 누군가의 글을 읽는 것보다는 실제 목소리를 듣는 편이 훨씬 친밀한 느낌을 주거든요. 제 팟캐스트를 듣고 호감을 느낀 사람들은 제게 신뢰를 보여주었습니다. 잠재 고객을 만나기에 이보다 좋은 위치는 없겠지요.

더불어 팟캐스트는 다양한 기회를 제공합니다. 원고에 담을 콘텐츠를 만드는 기초 자료가 될 수도 있고, 완전히 새로운 각도에서 접근할 만한 틈새시장을 열어 줄 수도 있으며, 여러 저자의 책 홍보를 돕는 채널로 성장할 수도 있습니다. 그러므로 어떤 사람들이 당신의 팟캐스트를 듣기를 원하는지, 그들은 무엇에 관심을 갖고 있을지, 그들에게 무엇을 제공할지 생각해 보는 게 중요합니다.

저는 이유 불문하고 무조건 도전하기로 결정했습니다. 하지 말아야 할 이유는 수없이 많았고 바보처럼 보이거나 일을 그르칠까 봐 두렵기도 했지만 나서기로 했어요. 재미있어 보였고 제 사업에도 도움이 된다고 믿었으니까요. 그 정도면 충분했습니다.

3장

관계망 확장하는 법

모든 사업과 일은 다양한 관계 속에 존재합니다. 책을 쓰는 과정을 통해 이러한 관계망을 전략적으로 구축할 수 있는 방법을 계획해 보면 어떨까요? 사실 이 과정은 책을 출판하기 훨씬 전부터 시작해야 합니다.

'기획서 쓰기 10일 챌린지'에 참여한 참가자 중에는 다른 사람이 아이디어를 도용할까 봐 책이 출판되기 전에 내용을 공개하고 싶지 않다는 사람들이 더러 있습니다. 저는 이런 사람들에게 이렇게 대답합니다. 첫째, 그렇다면 가급적 빨리 글을 써서 출판하세요. 둘째, 일단 아이디어를 내놓고 자신의 고유한 아이디어라고 공개적으로 알리면 당신의 소유권을 주장할 수 있습니다. 남의 아이디어를 훔쳐서 자신의 것으로 만드는 건 매우 위험합니다. 경쟁자들이 굳이 그런 위험을 무릅쓸 필요가 있을까요? 세 번째로, 구태의연한 대답이지만, 아이디어는 어차피 거기서 거기일 뿐, 실행을 해야 마법이 일어난답니다.

책을 쓰는 초기 단계에서 내용을 먼저 공개하면 잃는 것보다 얻는 것이 훨씬 많습니다. 관심을 보이는 사람을 통해 아이디어와 사례를 모을 수 있고, 좀 더 깊게 연구할 수 있고 의견을 구하거나 관계망을 강화하여 사업을 구체적으로 계획할 수 있습니다. 특히 당신의 일을 이해하고 좋아하며 신뢰해 주는 사람이 늘어나게 되면 세 가지 큰 이점을 얻을 수 있습니다.

첫째, 당신이 가진 콘텐츠를 공개해야 실제로 일을 완수할 가능성이 훨씬 더 높아집니다. 둘째, 책에 대한 기대감과 인지도를 미리 형성해 놓았기 때문에 책이 출간되면 즉시 구매하거나 주변에 추천해 줄 사람들을 확보할 수 있으며, 책으로 완성되는 과정에 밀접하게 관여한 사람일수록 적극적으로 책을 홍보해 줄 것입니다. 마지막으로, 책 쓰는 과정에 타깃 독자를 많이 끌어들일수록 더 나은 책을 만들 수 있습니다.

　이 장에서는 관계망을 형성하기 위한 몇 가지 아이디어를 소개하려고 합니다. 오늘부터 마음에 드는 아이디어를 골라 책을 쓰는 동안 안팎으로 든든한 관계망을 구축할 방법을 찾아보세요.

관계망 지도 그리기

관계망을 구축하는 방법을 알아보기 전에 앞서 관계망에 대해 충분히 이해하고 각각의 특성을 파악해야 합니다. 이해를 도울 '관계망 지도'를 보시죠. 다섯 개의 작은 원이 대표하는 그룹 이름은 고정된 게 아닙니다. 각자 자신의 경우에 해당하는 그룹명으로 적어 보세요. 그리고 핵심 관계망에 어떤 그룹이 있는지 파악하세요. 예를 들어 기존 고객, 페이스북 그룹과 같은 핵심 그룹과 협력 파트너나 공급업체, 소셜미디어 팔로워 같은 관련 그룹으로 나누어 보세요. 각 그룹 내에서 당신의 책에 관심을 가질 만한 특정 인물들을 파악하고 당신을 그들과 연결해 줄 수 있는 사람은 누구인지 생각해 보세요.

　　몇 가지 예를 들어 볼게요. 지역 네트워크 단체에 당신이 쓰고 있는 글 주제로 강연을 제안하고, 다른 강연 기회가 있으면 추천해 달라고 부탁하세요. 타깃 고객에게는 사례를 책에 소개해도 되는지 의사를 타진해 보세요. 유명 인사에게는 그가 출간한 책이나 자료를 인용해도 되는지 문의하고, 가능하다면 자료 조사를 위한 인터뷰도 요청해 보

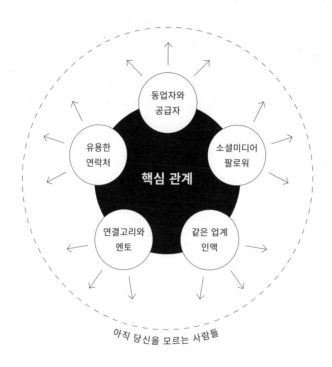

동업자와
공급자

소셜미디어
팔로워

유용한
연락처

핵심 관계

연결고리와
멘토

같은 업계
인맥

아직 당신을 모르는 사람들

관계망 지도

세요.

관계망은 가까운 인맥만으로 그치지 않는다는 사실을 명심해야 합니다. 글을 쓸 때 만나야 할 사람을 연결해 줄 누군가가 당신의 관계망 안에 있을 수도 있으니, 그런 사람을 발견하면 주저하지 말고 소개를 부탁해 보세요.

저는 『나는 직장에 다니면서 12개의 사업을 시작했다』의 저자 패트릭 맥기니스가 공유해 준 팁을 『범상치 않은 비즈니스 북클럽』에서 꽤 유용하게 사용했습니다.

저는 누군가와 대화할 때마다 오래되었지만 효과가 있는 질문을 던집니다. 바로 "이 일을 하는 사람 세 명을 추천한다면 누구인가요?"라는 질문이죠.

이 방식이 저에게 유용했던 세 가지 이유가 있습니다.

먼저 기존 관계망의 한계를 확장할 수 있었습니다. 시작할 때는 기존 관계망으로도 충분했지만, 매주 팟캐스트를 진행하려면 새로운 아이디어를 가진 인물을 부지런히 끌어들여야 했거든요.

그리고 당연한 것을 뛰어넘게 해 주었습니다. 길스 콜본이 『(사용자를) 생각하게 하지 마!』의 저자 스티브 크룩을 만나보라고 말해 주지 않았다면 저는 비즈니스 책과 사용자 경험(UX)User Experience이라는 전문 지식을 연결할 생각을 못했을 겁니다. 스티브 크룩의 통찰력 덕분에 출판의 개념을 완전히 새롭게 바꿀 수 있었습니다.

마지막으로 더 빨리 '네'라고 대답할 수 있게 되었습니다. 우리는 자신이 알고 있거나 존경하는 사람이 추천하는 것에는 긍정적으로 반응할 가능성이 높습니다. 팟캐스트를 시작한 지 얼마 지나지 않았을 때 제가 존경하는 글쓰기 영웅인 대니얼 프리스틀리에게 출연을 부탁한 적이 있어요. 당연히 응답을 받지 못했죠. 몇 달 후 그의 비즈니스 파트너이자 친구인 루시 맥카라허가 대니얼을 초대하라며 개인적으로 메일을 보냈어요. 그러고 나서 일주일 만에 대니얼을 섭외할 수 있었습니다.

나의 가치관을 드러내는 에피소드 찾기

영국 최고의 사업가 중 한 명인 앨런 레이튼은 젊은 시절 초콜릿 제조업체인 '마스'에서 오래 일했습니다. 마스에서는 관리자에게 공장 현장을 경험하도록 하는 내부 규정이 있었습니다. 앨런은 입사 첫날 컨베이어 벨트에서 떨어진 초콜릿을 쓸어 담는 일을 해야 했죠. 몇 시간 동안 쓰레받기를 피해 사방으로 굴러다니는 초콜릿을 쫓아다니느라 쩔쩔매는 모습을 딱한 눈빛으로 쳐다보던 나이 많은 직원이 앨런에게 다가와 바닥에 떨어진 초콜릿 하나를 발로 짓뭉개더니 이렇게 말했습니다. "발로 으깨야 쓸려요."

저는 랜덤하우스 출판사의 비즈니스 도서 분야에서 일하는 나이젤 윌콕슨에게 이 이야기를 들었습니다. 앨런이 출간한 『리더십에 대하여』On Leadership라는 책에 담긴 에피소드로, 저는 지금도 그 이야기를 떠올리면 웃음이 나곤 합니다. 리더들에게 '일을 가장 잘 아는 사람은 실제 현장 근무자다'라는 교훈을 주는 이 이야기에서 저는 또 다른 메시지를 얻었습니다. 내가 하는 일이 초콜릿을 따라다니는 것처럼 답답하게 느껴질 때는 잠시 일을 멈추고 '나는 지금 무엇을 놓치고 있는 거지?'라고 스스로 물어봐야 한다는 겁니다.

나이젤이 말했듯 '이 이야기를 한번 들은 사람은 잊어버리지 않을 것'입니다. 독자가 어떤 핵심을 이해하기를 원한다면 이처럼 구체적인 예를 들어 진정성 있는 메시지를 전달해야 합니다. 또는 요점을 파악할 수 있는 사례를 들려주는 방법을 쓰는 것도 좋습니다. '이야기'는 신경 화학 물질의 작용 원리에 의해 뇌리에 저장될 가능성이 매우 높기 때문이죠. 비즈니스 신경과학자 린다 쇼 박사는 다음과 같이 설명합니다.

우리는 듣는 사람이 누구냐에 따라 이야기에 변화를 줍니다. 이는 무의식적으로 청중이 창작 과정의 일부가 된다는 것을 의미합니다. 그리고 청중이 창작 과정의 일부가 되는 경우에 더 많은 공감을 불러일으킵니다. 유대감과 신뢰에 관여하는 옥시토신이라는 신경 화학 물질이 자극되기 때문입니다. 스토리텔러와 청중이 함께 즐거운 춤을 추는 거죠. 거창하고 정교한 이야기일 필요는 없습니다. 관련이 깊은 사례나 상대방과 관련 있는 이야기 또는 고객의 이야기일 수도 있습니다. 상대방은 당신을 훨씬 더 신뢰하고 유대감을 느끼며 당신과 함께 일하고 싶어 할 것입니다. 이야기는 훌륭한 설득자입니다.

앨런의 초콜릿 이야기처럼 독자는 그 자리에 함께 있지 않아도 스스로 이야기를 시각화하고 머릿속으로 자기 상황에 적용하며 창작에 동참하게 됩니다.

모든 이야기가 기념비적인 과정을 그린 영웅의 대서사시일 필요는 없습니다. 사실 그런 이야기는 금방 식상해지죠. 최고의 이야기는 솔직한 경험담이며, 그 자체로 매력적입니다. 이야기가 어디로 흘러가는지 파악할 필요도 없습니다. 이야기를 따라가다 보면 어느 순간 핵심이 짠! 하고 눈앞에 나타납니다.

인터뷰하기

자료를 구하는 좋은 방법 중 하나는 인터뷰입니다. 함께 맥주를 마시며 대화할 수 있다면 가장 좋겠지만 안타깝게도 언제나 가능하진 않죠. 그러니 우선 인터뷰 대상자를 물색한 다음 이메일을 보내 인터뷰에 응할 의향이 있는지 물어보세요. 화상 통화 시간을 잡는 일 정도는 별로 힘들지 않습니다.

하지만 저는 많은 사람들, 특히 내성적인 사람에게는 이 과정이 결코 간단하지 않다는 것을 알고 있습니다. '거절하거나 무시당하면 어쩌지?' 하는 두려움이 앞설 테죠. 뻔한 얘기 같지만, 그 이상 나빠질 상황은 없어요. 하지만 당신이 인터뷰 요청을 하지 않는 한 결코 인터뷰는 이루어지지 않을 겁니다. 그리고 우리는 인터뷰를 요청했다가 거절당하거나 답장이 없을 때 인생의 소중한 교훈을 배울 수 있습니다. 바로 아무도 죽지 않는다는 거죠.

물론 기술적인 요령은 필요합니다. '네, 좋습니다'를 받을 확률을 극대화하기 위해 상대방에게 인터뷰를 제안하는 가장 좋은 방법은 무엇일까요?

인터뷰이 접촉하기

목적이 또렷한 제목을 써야 합니다. 이메일을 보낼 때는 제목에 인터뷰 주제가 명확히 담겨 있어야 합니다. 예를 들어 '목적 주도 리더십에 대한 인터뷰를 요청드립니다'라는 제목으로 보냈을 때, 인터뷰를 원치 않거나 호기심이 일지 않는다면 메일을 삭제하거나 바로 거절하겠죠.

연결고리를 찾기 전에 인터뷰이를 만난 적이 있다면 '저를 기억하실지 모르겠지만⋯⋯'이라는 문구를 사용하세요. 친구의 친구라면 '○○의 블로그에서 선생님 연락처를 알게 되었어요'와 같은 문구도 좋겠죠. 그의 강연에 참석했거나 최근 기사를 읽었다면 그가 말한 내용 중 한 가지를 언급해 보세요. 현대인은 모두 바쁘지만 자신의 인간관계 또는 자신의 활동과 관련된 제안은 거절하기 쉽지 않습니다. 그리고 칭찬을 살짝 첨가하면 상대방이 승낙할 가능성이 높아집니다.

자신이 누구이며 무엇을 원하는지 드러내세요. '○○에 관한 책을 쓰고 있습니다'라는 문구는 강력한 문장입니다. 로비 켈먼 백스터가 말했듯이 이 문구는 사람들을 끌어당기거든요. 책 쓰기에 참여하는 것은 흥미로운 일이고, 세상을 위한 지적 재산을 발굴하는 데 전념하는 사람은 더욱 진지해 보이게 마련이죠. 대개 사람들은 그런 일을 흥미롭게 생각하며 요청을 받는 것 자체를 가치 있다고 생각합니다.

해야 할 일을 명확하게 알려야 합니다. '괜찮다면 30분 이내로 스카이프(인터넷 전화)를 통해 인터뷰할 예정인데, 다음 주 수요일이나 목요일 괜찮으세요?'라는 식으로 인터뷰 일정을 명확히 알려주세요. 날짜와 시간을 정하는 데 시간을 허비하는 것은 인터뷰의 방해 요소 중 하나입니다. 상대방이 당신에게 날짜와 시간을 맞출 수 없다면, 그의 시간에 맞추기 위한 모든 조치를 하세요. 저는 밤 10시나 11시에도 인터뷰를 하고, 휴일이라면 미리 아이를 돌봐 줄 사람을 구해 놓기도 합니다. 상대방이 저에게 호의를 베풀었으니 저는 그를 최대한 배려해야겠죠.

인터뷰 약속을 잡았다면 후속 조치를 취하고 마지막까지 확실히 의사를 물어야 합니다. 약속이 정해지면 즉시 감사를 표하고 세부 사항을 확인하는 메시지를 보내세요. 통화하기 하루 정도 전에 미리 알림 메시지(예: '내일 ○○에 대해 이야기할 예정이라 정말 기대됩니다.')를 보내세요. 상대방은 이 인터뷰를 당신만큼 중요하게 여기지 않기 때문에 약속을 상기시켜 줄 필요가 있습니다. 인터뷰가 끝나면 다시 한번 감사 인사를 전하세요. 그리고 책의 초고를 작성했다면 상대방의 인터뷰가 포함된 부분을 보내 주세요.

인터뷰 진행하기

인터뷰에 질문할 사항을 미리 마련해 두는 게 당연히 좋겠죠. 어떤 인터뷰이는 질문지를 미리 보내 달라고 요청하기도 하지만 무조건 그렇게 진행할 필요는 없어요. 또 인터뷰할 때 내용이 흥미롭다면 대화 주제에서 벗어나더라도 '정상 궤도'로 되돌리려 애쓰지 말고 내버려두었다가 상대가 말한 내용과 자연스럽게 이어지는 질문을 하세요. 대본에 얽매이면 자신이 '무엇을 모르는지' 발견할 수 없습니다.

저는 모든 인터뷰이에게 공통적으로 묻는 몇 가지 질문이 있지만, 상대방의 전문 분야에 맞는 지렛대용 질문을 준비하기도 합니다. 이러한 질문을 할 때는 신중을 기해야 합니다. 독창적인 질문은 나의 관점과 상대방의 관점이 교차하는 지점에서 탄생하니까요. 독창적이고 통찰력 있는 질문을 위해 고민할수록 인터뷰는 즐거운 작업이 됩니다. 대화할 내용을 깊이 연구할수록 인터뷰이는 적극적으로 참여하게 되고 자연스럽게 대화의 질도 향상됩니다.

메모에만 의존하지 말고 답변을 들으면서 대화의 흐름을 가늠하세요. 그리고 모든 내용을 기록할 수 없으니 대화를 녹음하는 것도 좋습니다. 저는 스카이프의 통화 녹음기를 활용합니다. 녹취 기능을 활용하면 나중에 검토하거나 인용문을 구성하는 데 편리합니다. 녹음 전에는 항상 인터뷰 대상자에게 녹음하는 이유와 목적을 분명히 밝히고 동의를 얻는 것도 잊지 마세요.○

자료를 활용하기

인터뷰를 시작하기 전 배포 및 출판을 목적으로 인터뷰를 하겠다는 점을 명확히 해야 합니다. 또한 인터뷰이가 자료 사용을 제한하겠다고 밝히지 않는 한, 공식 서명이 요구되는 문서 작성 없이도 인터뷰 내용을 사용할 수 있습니다. (그렇기 때문에 초기 이메일을 작성할 때 이 내용을 명확하게 전하고 답변 내용을 저장해 두는 것이 좋습니다.) 하지만 당신이 책 속에 표현한 내용에 문제가 없는지 상대에게 확인받는 게 예의이므로 책 쓰기 초반 단계에서 상대방과 관련된 부분을 전달해서 확실한 동의를 얻어두세요. (만약 오해한 부분이 있다면 책이 나오기 전에 확인받는

○ '클로바노트'라는 어플리케이션으로 대화를 녹음하면 화자를 구분해서 녹취와 요약까지 해 주기 때문에 매우 유용하다.

것이 출판 후에 변호사를 통해 확인하는 것보다 낫겠죠.)

자신의 인터뷰 내용이 공개된다는 사실을 모르는 상태에서 대화를 나누다가 획득한 내용이거나 기밀에 가까운 민감한 내용이 포함되었다면 공개 동의서에 인터뷰이의 서명을 받는 것이 안전합니다. 인터넷에 있는 무료 템플릿을 사용해도 되지만(본인 책임 하에), '○○이라는 책에 나의 진술이 사용되는 데 동의합니다'와 같은 문장을 적어 넣고 서명만 받아도 어느 정도 법적 보호를 받을 수 있습니다.

목차 피드백 받기

저는 『풀 몬티』라는 영화를 좋아합니다. 특히 영화가 절정으로 치달으면서 환희로 가득 찬 정지 화면으로 끝나는 엔딩 장면이 인상적이죠. 스트립쇼에 도전하기로 한 여섯 남자가 수줍음의 상징을 가리고 있던 모자를 옆으로 던져 버리고 벌거벗은 몸을 공개하는 장면이죠. 숨을 곳도 없고 상상에 맡길 것도 없습니다. (카메라만은 그들의 뒷모습을 수줍은 듯 비춥니다.)

『당신의 기업을 시작하라』, 『비즈니스를 성공으로 이끄는 소셜미디어 전략』The Art of Social Media 등 많은 책을 저술한 가이 가와사키를 인터뷰한 적이 있습니다. 책을 쓸 때 목차를 포함해 전체 초고까지 온라인에 공개하며 그 내용을 읽은 사람들의 의견과 피드백을 받아 책을 쓴다는 말을 듣고 그에게 영감과 두려움을 동시에 느꼈습니다. 아니나 다를까 제 커뮤니티에서는 이 인터뷰 내용 때문에 '풀 몬티 가이 가와사키'라는 말이 유행했습니다.

가이의 방식은 개방성, 가시성, 협업, 연결성 등 제가 추구하는 업무 방식의 특징과 정확히 일치했습니다. 그래서 이 방식을 실험해 보는 의미에서, 그리고 그동안의 경험을 통해 나를 가장 두렵게 하는 일은 바로 '지금 바로 해야 할 일'이라는 사실을 깨달았기 때문에 이 책을 쓸 때 가이의 방식을 똑같이 적용하기로 했습니다. 블로그에 이 책의 전체 목차를 올리고 의견을 남겨 달라는 글을 덧붙인 다음 '게시하기' 버튼을 눌렀을 때 『풀 몬티』의 마지막 장면, 모자를 옆으로 날려 완전히 알몸이 되는 순간 주인공들의 심정이 어땠을지 이해할 수 있었습니다. 저는 블로그에 이렇게 올렸습니다.

『책으로 비즈니스』의 목차를 보고 싶다면 이 링크를 클릭하세요. 유용한 내용, 빠진 내용, 불분명한 내용, 가장 흥미로운 내용은 무엇인지, 목차의 구조가 이해하기 쉬운지, 요점을 설명하기 위해 고려해야 할 예시가 있는지 등 거의 모든 부분에 대해 당신의 솔직한 생각을 듣고 싶습니다.

다음 날 댓글로 중심 주장 사이의 관계를 명확히 설명할 것, 절 제목을 다시 고려할 것 등의 훌륭한 피드백을 받았습니다. 일주일 뒤 저는 기본 구조에 대한 새로운 아이디어와 10개의 새로운 주제를 덧붙일 수 있었죠. 이보다 더 중요한 것은 제 글이 더 이상 노트북에 안전하게 숨어 있지 않고 세상 밖으로 던져져 대화의 소재가 되었다는 사실입니다. 저는 완성도 높은 책을 위해 도움을 줄 멋진 지지자들을 얻은 셈입니다. 제가 목차를 공개하기 전에는 전혀 예상치 못했던 협력자들이죠.

여러 사람과 함께 쓰기

대체로 책은 출판되기 전까지 소수의 관계자를 제외하고는 콘텐츠를 볼 수 없습니다. 하지만 책의 영향력을 극대화하고 싶은 사람이라면 이와 같은 폐쇄적인 방식으로 책을 쓰기보다는 제가 소개하는 방법을 사용해 보세요. '목차 피드백 받기'에서 저는 가이 가와사키가 책을 출간하기 전에 목차와 전체 초안을 온라인에 올렸다고 소개했습니다.

저는 그냥 워드 파일을 올린 다음 댓글 기능을 켜고 "자, 의견을 적어 주세요."라고 말합니다. 단도직입적으로요. "여기 내가 쓴 원고가 있으니 마음대로들 하세요." 그 결과 더 나은 책을 만들 수 있을 뿐 아니라 믿을 수 없을 정도로 강력한 관계망과 책의 성공에 투자하는 사람들이 생겨났습니다. 그동안 이런 방식으로 저자와 소통한 적도, 책에 대해 의견을 낸 적도 없었습니다. 그동안 우리는 아마존에 접속해서 책을 구입하기만 했죠. 하지만 책에 참여해 근본적인 문제나 핵심을 바꾸어 줄 사람들이 있었고, 저는 그들에게 기회를 주었을 뿐입니다.

처음엔 제가 존경하는 10명, 15명, 20명의 사람들에게 원고를 보냈고, 그분들은 아주 좋은 피드백을 보내 주셨어요. 그러다가 '아, 세상의 모든 똑똑한 사람에게 직접 다 연락할 수 없으니 그물망을 넓혀야겠군' 하고 생각했습니다. (……) 다시 말해 '대수大數의 법칙'을 실행한 겁니다.

사실 작가 입장에서 이런 개념은 받아들이기 힘든 것입니다. 책을 내기도 전에 초고를 무료로 배포했는데 어떻게 판매를 기대할 수 있겠어요? 하지만 목차를 공개한 후 성공에 도취된 저는 이 책의 전체 초안을 『범상치 않은 비즈니스 북클럽』 회원들에게도 공개했죠. 얼마나 많은 사람이 개인 시간과 수고를 할애해서 유용한 피드백을 주었는지, 믿기지 않을 정도였습니다.

콘텐츠보다 사람의 관심이 더 귀한 상품인 세상에서 원고와 저자를 직접 접한 사람이라면 출간된 책을 구매할 가능성이 높습니다. 또한 주변 사람에게 이 책을 추천하겠죠. 당신의 책이 결국 그들의 책이기도 하기 때문입니다.

그럼 어떤 독자에게 미리 읽어 달라 부탁해야 할까요? 친근하고 위협적이지 않은 사람만 초대하고 싶은 유혹을 느낄 것입니다. 당신의 소중한 원고를 지적받으면 자존심이 상할 테니까요. 하지만 안타깝게도 그런 선택으로 얻을 수 있는 이점은 많지 않습니다. 누구를 이용하든, 어떤 방식으로 작업하든, 당신이 어떤 피드백을 원하는지 구체적으로 명시해야 합니다. 파일만 올려 놓고 의견을 물으면 대개 무의미한 '좋아요!' 아니면 맞춤법이나 오탈자가 '수정된' 편집 파일만 돌아올 가능성이 큽니다. 크라우드 펀딩 출판사 언바운드Unbound의 부편집장인 스콧 팩은 이렇게 말합니다.

당신을 사랑하는 사람들은 당신의 기분을 상하게 하고 싶지 않아 합니다. 그러니 책을 보고서 별로였어도 별로였다는 말은 하지 않겠죠. 건설적인 비판 정도는 해 주겠지만요. 당신이 독서 모임에 다닌다면 그 모임에서 가장 비판적인 사람이나 당신이 읽는 책을 싫어하는 사람이 바로 원고에 도움을 줄 사람입니다. (……) 원고를 미리 읽어 줄 사람을 찾는 이 시점부터 당신은 끊임없이 타인의 의견을 듣게 됩니다. 책을 출간하고 나면 아마존 리뷰와 신문 서평 그리고 당신의 책을 싫어하는 사람들의 글이 더 많이 올라오겠죠. 그 단계로 넘어가기 전에 신뢰할 수 있는 사람들로부터 최대한 많은 피드백을 받는 게 좋습니다.

아직 수정할 시간이 있을 때 먼저 비판적인 피드백을 받는 쪽이 더 합리적이겠죠.

독자의 유형에 따라 각각 다른 피드백을 요청하는 방법도 있습니다. 예를 들어 타깃 독자에게는 글의 논점이 흐려지거나 이해하기 어려운 단어나 문장 때문에 설명이 더 필요한 부분, 은유와 사례가 적절하지 않거나 진행 속도와 설명 방식 또는 문체가 '부적절한' 부분을 표시해 달라고 요청할 수 있겠죠. 동료에게는 해당 분야의 모든 이슈를 적절하게 다루고 있는지, 관련된 방법론이나 대표 사례가 모두 포함되어 있는지 확인해 달라고 요청할 수 있습니다. 당신이 존경하는 저자에게는 책의 전반적인 분위기 등 외적 요소에 대한 조언을 구하면 어떨까요?

독자가 미리 읽어 줄 때 가장 크게 도움이 된다고 느낄 때는 잘못된 점을 짚어 줄 때입니다. 어떻게 고치면 좋겠다는 의견도 물론 좋지만 무엇이 문제인지 알려주는 것만큼 유용하진 않지요. 그가 제시한 해결책은 틀릴 수도 있지만 다른 누군가에겐 맞는 해답일 수도 있고, 문제를 제기하는 것 자체는 틀린 게 아니니까요. 두 명 이상의 독자가 특정 영역에 문제가 있다고 말한다면 거기엔 분명 고쳐야 할 무언가가 있을 겁니다.

커뮤니티 만들기

장 폴 사르트르의 '타인은 지옥이다'라는 선언은 많은 사람의 공감을 얻어 지금까지도 자주 인용됩니다. 이 말은 어쩌면 사르트르가 지루한 회의나 끔찍한 사무실 크리스마스 파티에서 막 돌아온 뒤에 내뱉은 말이 아닐까요? 하지만 실제로 사업을 하다 보면 타인이 든든한 지원군이 될 수 있다는 사실을 깨닫기도 합니다. 어떻게 하면 책 쓰기와 홍보를 돕고 내 사업을 지지해 주는 커뮤니티를 만들 수 있을까요?

'기획서 쓰기 10일 챌린지'는 책에 관한 아이디어는 있지만 어떻게 진행해야 할지 막막한 사람들에게 유용한 연습 과정을 제공하고 싶다는 마음에서 시작했습니다. 물론 모든 과정을 해내는 데엔 많은 노력이 필요하겠지만 적어도 몇 명이라도 이 과정을 끝까지 완수하기를 바라는 마음이었죠. 그런데 뜻밖에도 처음 알게 된 사람들이 불과 며칠 만에 서로를 응원하고, 아이디어를 주고받으며 격려와 제안을 하고, 저녁 식사 사진을 공유하고, 유용한 거래처를 연결해 주겠다고 제안하는 등 경쟁과 협력이 잘 어우

러진 팀이 탄생했습니다. 제가 만든 커뮤니티가 미처 상상하지 못한 방식으로 발전하는 모습은 그야말로 마법 같았죠. 처음에는 운이 좋았다고 생각했는데, 놀랍게도 챌린지를 진행할 때마다 어김없이 똑같은 마법이 일어났습니다.

제가 이 책을 퇴고하려고 추트 포레스트의 쌀쌀한 오두막 안에 틀어박혀 있는 동안 『범상치 않은 비즈니스 북클럽』 페이스북 페이지에는 저를 격려하는 메시지가 끊임없이 올라왔습니다. (이런 분위기에서 완성하려면 아직 멀었다는 말은 차마 꺼낼 수 없었죠).

『빈틈없는 마케팅』Watertight Marketing의 저자 브라이어니 토마스도 비슷한 경험을 했습니다.

제가 마케팅 프로그램을 계획하긴 했지만 그에 대한 커뮤니티의 대응이 어떨지는 전혀 예상하지 못했어요. 계획서에는 '빈틈없는 마케팅 커뮤니티'라고 적어 놨지만 어떤 분위기가 만들어질지 상상이 안 됐거든요.

브라이어니의 커뮤니티는 그의 책에서 소개하는 독특한 마케팅 접근 방식에 초점을 맞추고 있습니다. 책을 구입한 뒤 온라인으로 등록하면 여러 관련 자료를 받아 볼 수 있고 커뮤니티의 회원이 될 수도 있습니다. 이 커뮤니티를 통해 독자들은 브라이어니와 직접 소통할 수 있을 뿐만 아니라 다양한 조언자와 동료로 구성된 관계망에도 다가갈 수 있습니다.

챌린지를 계속 진행하다 보니 깨달은 점이 있습니다. 모두가 하나의 뚜렷한 목적을 향할 경우에 이 마법이 가장 강력하게 일어난다는 사실입니다. 좋은 사례가 '기획서 쓰기 10일 챌린지'입니다. 열흘 동안 기획서를 완성한다는 공동 목표를 향해 달리는 뜨거운 열기가 사람들을 빠르게 결속시킨 것이죠. 그러나 이런 강렬함이 무한정 지속될 순 없습니다. 『범상치 않은 비즈니스 북클럽』은 비교적 평탄하게 유지되고 있지만 역시 초기의 폭발적인 에너지는 잦아들고 있습니다. 어떤 온라인 커뮤니티는 '무엇을 하는가'보다는 '어떤 사람들이 모이는가'에 초점을 맞춰 활성화하기도 합니다. 사람들을 모이게 할 만한 뚜렷하고 구체적인 요인을 인상적으로 표현해 보세요.

다음은 브라이어니가 제공한 커뮤니티를 성공적으로 운영하기 위한 팁입니다.

먼저 참여하는 사람들이 모든 과정을 같은 속도로 가고 있는지 확인해야 아무도 혼자서 낯설고 막막한 고립감을 느끼지 않습니다. 브라이어니는 "핵심은 사람들이 원할 때마다 프로그램을 시작하는 것이 아니라 하나의 집단을 먼저 만들어서 함께 프로그램을 진행하는 것입니다."라고 덧붙였습니다.

그리고 친구를 만들어 주세요. 파티 장면을 상상해 봅시다. 어떤 사람은 사람들 사이에 섞여 편안하게 대화를 나누지만 어떤 사람은 누군가를 소개받지 못하면 어색하게 서성대다가 자리를 뜨기도 합니다. 커뮤니티 안에서 누군가 자신을 지지하고 있다고 느끼게 해 주면 그는 참여 활동을 계속할 수 있겠죠.

커뮤니티는 당신이 생각지도 못한 방향으로 당신의 아이디어를 받아들일 것입니다. 브라이어니는 이렇게 말했습니다. "프로그램이 끝난 후 돌아가서 몇 사람에게는 이렇게 말했습니다. '아직 성과가 보이지 않으니 돈을 받지 않을게요. 하지만 저는 당신이 시도하는 모습을 보고 싶습니다. 제가 도와드릴게요. 같이 배우면서 시도해 봐요." 누군가를 어떤 과정에 참여시키는 모든 사업과 컨설팅은 그 여정에 동행함으로써 자신 또한 많은 교훈을 얻습니다. 방법론은 활용을 하면 할수록 더욱 단단해집니다. 정말 경이롭죠.

경험하게 하기

우리는 직접 접촉해야 합니다. 마찰과 촉감을 느껴야 합니다. 기억하고 이해하려면 정보에 감정을 더해야 합니다.

– 톰 채트필드(작가, 시사평론가)

몇 달 전 가족과 함께 목재 박람회를 방문해 전시품을 구경하고 여러 체험도 해 보며 즐거운 하루를 보냈습니다. 그곳을 막 떠나려고 할 때 사과 주스를 판매하는 노점상을 발견했습니다. 우리는 함께 손잡이를 돌려 사과 껍질을 벗기고 조각 낸 다음 두드려서 과육으로 으깼어요. 그다음 착즙기 손잡이를 돌리자 향기롭고 진한 주스가 흘러나왔습니다. 얼마 안 가 판매자가 준비해 온 주스 병은 동이 났지요. 우리는 그가 계속 장사할 수 있도록 다른 병을 씻고 소독하는 일을 도왔습니다. 물론 우리도 주스 한 병을 구입했죠. 주스가 넉넉했다면 아마 두세 병 더 샀을 거예요. 그날 저녁에 로스트 치킨에 주스를 곁들여 맛있는 식사를 즐겼습니다.

여기서 생각해 볼 부분은 그곳에는 맛있는 간식을 파

는 노점으로 가득했다는 점입니다. 게다가 수제 사과 주스를 파는 노점상도 여러 곳 있었지만 우리는 만들기에 직접 참여했던 주스에만 유달리 흥미를 느꼈습니다.

서점에는 좋은 책이 가득하지만 사람들에게는 책을 사야 할 이유가 필요합니다. 운이 좋으면 적극적으로 당신의 책을 찾아내는 독자를 만날 수도 있겠죠. 하지만 슬프게도 당신을 찾아와서 돈을 쥐여 주는 사람은 극소수에 불과합니다. 대부분 사람들은 계속 매장을 돌아다니며, 매장에는 당신의 책에 관심을 보이지 못하게 주의를 분산하는 책들이 수두룩하죠. 그러나 당신이 사람들에게 관심을 가져야 할 이유를 제공하고, 이야기에 참여시키고 연결할 수 있다면, 게다가 당신이 그 일을 잘 해내어 당신의 성공이 곧 그들의 성공이라고 느끼게 할 수 있다면, 당신은 그들에게 소중한 경험을 선사하는 것입니다. 그것이 바로 '경험하게 하기'의 핵심입니다. 말하자면 제가 '글쓰기의 날'을 운영하고, 정기 팟캐스트 쇼케이스에 '최고의 명장면'을 추천하도록 초대하고, 인터뷰의 비하인드 스토리를 공개하며『범상치 않은 비즈니스 북클럽』의 커뮤니티에 공을 들이는 이유입니다. 워크숍과 웨비나가 강력한 영업 도구인 이유이기도 하고요. 긍정적인 경험은 긍정적인 관계로 이어지고,

긍정적인 관계는 21세기 비즈니스의 근간이 됩니다.

내 책을 함께 알릴 사람 찾기

추천사 써 줄 사람 찾기

책의 앞부분에는 보통 헌사, 추천사, 서문, 서론 등이 배치됩니다. 추천사는 저자가 아닌 다른 사람, 대개는 해당 분야의 저명인사가 이 책의 의미와 중요성 또는 저자의 훌륭함을 강조하는 내용이 들어가죠. 추천사가 무엇인지는 알겠는데, 이런 글은 왜 필요할까요?

먼저 신뢰성을 부여하기 때문입니다. 추천사는 다른 사람이 쓴 것이기 때문에 '내가 얼마나 훌륭한 사람인지, 이 책이 얼마나 훌륭한지 알고 싶다면 당신이 좋아하고 신뢰하는 누가 평가하는 내용을 읽어 주세요'라는 의미로, 신뢰성을 부여해 주는 강력한 수단입니다.

또 추천사는 발견 가능성을 높입니다. 추천사를 쓴 사람의 이름이 서지 정보에 표시되기 때문에 해당 분야의 유명 인사를 참여시키면 그의 이름을 검색했을 때 내 책도 함께 뜹니다. 처음 책을 내는 저자라면 더욱이 독자가 내 이름보다는 이미 알려진 이름을 검색할 가능성이 높겠죠.

추천사는 관계망을 구축하는 데 도움이 됩니다. 추천

사를 제안하는 일은 당신에게 영감을 주고 아이디어를 형성한 해당 분야의 저명인사들과 관계를 구축할 수 있는 기회이기도 합니다. 당신의 책을 지지해 줄 사람이 누구인지 생각해 보세요. 잠재 독자들에게 당신의 글을 보증해 줄 사람은 누구인가요?

추천사를 부탁할 때는 짧고 정중한 내용의 이메일이 좋습니다. 그를 만난 적이 있다면 그때의 기억을 상기시키고 특별히 인상 깊었던 부분을 이야기한 다음 책의 개요를 간략히 설명하고 추천사를 써 줄 의향이 있는지 물어보세요. 원고 전체를 첨부하지 말고 목차와 서론만 첨부하세요. 전체 원고는 상대방이 수락했을 때 보내야 하니까 적어도 초고가 거의 완성된 단계에서 미리 연락을 취해야 합니다.

록스타에게 다가가기

책을 쓴다고 하면 아무나 불러낼 수 있는 좋은 핑곗거리가 생깁니다. 심지어 록스타까지 불러낼 수 있죠.

– 로비 켈먼 백스터(경영전략가)

해당 분야에서 유명하고 권위 있는 사람은 '접근하기 어려운', '록스타'입니다. 저자라면 누구나 그런 사람의 명성을 책에 보태고 싶을 겁니다. 하지만 이런 록스타는 매주 수백 건 정도의 청탁을 받기 때문에 현실적으로 모두 수락하기는 어렵습니다. 그러니 당신의 이메일이 일반적인 러브레터보다 흥미롭게 보이려면 사업에 관한 실질적인 제안을 해야 합니다. 즉 그가 당신의 제안을 받아들일 경우 어떤 이득이 있는지 알려줘야 한다는 뜻이죠.

제 경우를 예로 들어 보겠습니다. 저는 『범상치 않은 비즈니스 북클럽』 팟캐스트를 시작하자마자 제가 롤 모델로 생각하는 세스 고딘을 게스트로 초대하기로 마음먹었습니다. 그래서 꽤 오랜 시간 공들여 청탁 이메일을 작성했죠. 저는 세스가 좋아할 만한 주제를 제안한 뒤 제가 누구인지, 무엇을 하고 있는지, 왜 이 제안이 중요한지 정확히 설명했어요. 그가 쉽게 수락할 수 있는 문장을 설계한 거죠. 세스는 제 이메일에 대해 이렇게 말했습니다.

허튼 구실도 없고 의도를 숨기거나 엉뚱한 말도 없었어요. 명확하고 설득력 있고 관대하면서 사려 깊은 메일 내용을 읽고 저는 10초 만에 "좋아요! 정말 기대됩니다."라고 답할 수밖에 없었습니다.

이 표현은 과장이 아닙니다. 왜냐하면 그의 답장은 제가 받은 것 중 가장 빨랐거든요.

하지만 록스타의 관심을 끄는 방법에만 의존하면 좀 위험합니다. 다행인 점은 요즘 콘텐츠 시장에서 책을 쓰는 사람은 흥미로운 사람으로 여겨진다는 사실이죠. 새로운 시장의 법칙을 알아볼까요?

콘텐츠 + 플랫폼 = 관심

관심 + 제품 = 수익

책, 블로그, 팟캐스트 등 록스타의 관심을 끌 수 있는 플랫폼이 있다면 단순히 호의에 기대어 부탁할 때보다 많은 관심을 얻을 수 있습니다. 마침 상대방에게 홍보거리가 있을 때라면 추천사나 인터뷰 등의 부탁을 하기에 좋은 기회입니다. 저는 아마존의 비즈니스 서적 분야에서 '90일 내 출간 예정' 목록을 정기적으로 살펴봅니다. 곧 책을 출간할 사람이라면 팟캐스트 출연 요청을 받아들일 가능성이 높으니까요.

만약 큰 조직에서 일하는 사람과 대화를 나누고 싶다면 최근 그 조직에서 추진하는 프로젝트를 화제로 삼아야 긍정적인 답변을 얻을 가능성이 높습니다. 특히 그 프로젝트를 홍보하기 위해 노력을 기울이는 중이라면 웬만해서는 대화를 거절하지 않을 겁니다. 그 프로젝트 자체가 당신의 주요 관심사가 아니더라도 일단 대화를 시작하면 당신의 관심사로 유도하기 쉽겠죠.

강연이나 저자 사인회가 있다면 참석해서 직접 인사 나누기를 추천합니다. 나중에 메일을 보낼 때 그날의 짧은 만남을 상기시키며 특별히 인상적이었던 점을 언급할 수 있는 계기가 되니까요. (아예 몰랐을 때보다는 성사될 가능성이 높겠죠?)

모든 일에는 후속 조치가 필요합니다. 제 경우에는 이 과정에 소홀한 편입니다. 후속 작업이 필요한 이메일은 받은 편지함에 표시를 해 두지만 지나간 메일에 다시 신경 쓰기란 쉽지 않거든요. 게다가 메일을 여러 번 보내면 상대가 성가시게 느낄 것 같아 주저하기도 합니다. 예전에 저와 함께 일했던 마케팅 디렉터는 '궁금한 게 있으면 다시 물어보겠지'라면서 과감히 답장을 생략하더군요.

크라우드 펀딩 알아보기

오늘날 작가에게 열려 있는 다양한 가능성 중 하나는 '크라우드 펀딩'이라는 선택지입니다. '언바운드' 및 '리더십'과 같은 플랫폼°을 통해 작가는 책을 완성하기 전에 잠재 독자에게 자기 생각을 알리고, 열정의 불을 지피고, 피드백을 받을 수 있습니다. 무엇보다도 제작에 재정 지원을 미리 받을 수 있습니다. 안 할 이유가 없겠죠?

매력적인 스토리를 가지고 있으며 독자와 관계를 형성하는 데 필요한 시간, 에너지, 상상력을 갖춘 작가라면 펀딩을 시도하기 좋습니다. 다만 전후로 해야 할 일이 있습니다. 후원자의 주머니 사정에 맞는 다양한 리워드를 계획하고, 공감할 수 있는 창의적인 사례를 모아서 정리하고, 정기적으로 후원자들과 소통하는 시간도 안배해야 합니다. 그렇다면 크라우드 펀딩이 당신의 귀중한 시간을 잘 활용할 수 있는 방법일까요?

작가 브랜트 쿠퍼는 그렇다고 생각합니다. 그는 출간 계약을 맺은 출판사에서 제작비를 지원했음에도 불구하고 공동 저자인 패트릭 블라스코비츠와 함께 『린 기업가』

○ 한국에서는 '텀블벅', '와디즈' 등의 크라우드 펀딩 플랫폼이 가장 활발하게 이용되고 있다.

라는 책을 크라우드 펀딩으로 진행했습니다.

모든 작가가 그렇게 해야 한다고 생각합니다. (……) 저희는 사전 주문을 받고 싶었어요. 출시 기간 동안 마케팅을 위한 약간의 '자금'을 마련하고 싶었기 때문에 크라우드 펀딩 캠페인이 딱 맞는 방법이었죠. 우리의 책이 적절한 메시지를 전달하고 있는지, 출시와 함께 소문을 내 줄 열성적인 독자가 있는지 미리 알아볼 기회이기도 하니까요.

제 고객 중 한 명인 에보니 앨러드는 자신의 책 『괴짜에서 전문가로』Misfit to Maven를 크라우드 펀딩으로 출간했습니다.

저는 제 이야기를 통해 비슷한 고충을 겪고 있거나 고립된 이들에게 영감을 주고 힘을 주고 싶습니다. 저는 사람들과 소통하면서 각자의 매력이 있다는 사실을 알게 해주고 싶었죠. 제 이야기 그리고 제 이야기가 갖는 강점과 취약함을 보여 줄 수 있는 좋은 방법이 크라우드 펀딩 말고 또 있을까요? (……) 과정은 매우 간단했습니다. 중요한 건 사람들의 흥미를 끌 만한 리워드를 생각해 내는 것이죠.

90초짜리 영상을 만들고 각 리워드를 보여주는 이미지를 만들어 올렸더니, 짜잔! 하고 펀딩이 시작되었습니다.

사람들이 크라우드 펀딩 프로젝트를 지지하는 이유는 다양합니다. 프로젝트가 마음에 들거나 특정한 보상을 원해서일 수도 있지만, 대부분 상상력을 자극하는 신선한 아이디어에 이끌리기 때문입니다. 크라우드 펀딩 플랫폼 '언바운드'의 부편집장 스콧 팩은 구체적인 이야기를 들려주었습니다.

특정 프로젝트와 연관될 수 있다는 데 매력을 느끼는 후원자가 많습니다. 책 뒷면에 모든 후원자의 이름이 새겨지기 때문입니다. 판권이 루마니아에 팔린다면 6년 후에 출간되는 루마니아어판에도 후원자의 이름이 실릴 겁니다. 사람들은 실제로 무언가를 실현하는 일에 기꺼이 기여하고 싶어 합니다.

크라우드 펀딩은 누구에게나 적합할까요? 지극히 개인적인 성향이거나 남에게 돈을 구걸하는 것 같아 찜찜한 사람, 아니면 오프라인에서 관계 맺을 시간은커녕 어머니에게 안부 전화를 할 시간도 없을 만큼 바쁜 사람이라면 잘 맞는다고 볼 수 없겠죠. 사람들은 대부분 부탁을 세 번쯤은 받아야 마음을 움직인다고 스콧은 말합니다. 세 번이나 부탁을 하려면 어느 정도 용기가 필요하겠죠. 당신에게 그럴 만한 용기가 있거나 지금부터라도 배짱을 키워 볼 준비가 되었다면 크라우드 펀딩은 도전해 볼 가치가 있습니다.

자, 그럼 무엇을 하면 좋을까요?

우선 크라우드 펀딩 사이트를 몇 군데 방문해서 다양한 프로젝트와 홍보 방식을 둘러보고 마음에 드는 몇 개의 프로젝트를 후원하면서 제작자와 동료 창작자가 얼마나, 어떻게 참여했는지 살펴보세요. 이 과정을 통해 도전하기로 결정했다면 후원자들의 주머니 사정을 고려해서 가장 작은 리워드(단돈 1파운드일지라도)부터 프리미엄 리워드까지 매력적인 리워드 패키지를 골고루 구성하세요. 프리미엄 리워드는 누가 봐도 끌릴 만큼 매력적으로 구성해야 겠죠. 앞에서 소개한 에보니는 자신이 제공할 수 있는 최고 수준의 서비스를 가장 큰 리워드에 포함했고, 스콧은 매우 저렴한 금액에 책 한 권을 편집해 주는 서비스가 포함된 리워드를 제시했습니다. 스콧은 네 건의 후원을 받았고, 고객은 할인된 가격으로 서비스를 받았죠. 스콧은 모금액을 책 제작비로 쓸 수 있었습니다.

　기존 플랫폼을 최대한 활용하세요. 에보니는 자신의 이메일 서명란에 크라우드 펀딩 링크를 추가하고, 웹사이트에 팝업 이미지를 올리고, 트위터를 비롯한 소셜미디어에 정기적으로 펀딩 소식을 공지했습니다. 강연이나 모임, 친구와 가족에게도 각자의 네트워크 공간에서 당신의 프로젝트를 홍보하도록 권하세요. 지금은 점잖게 굴 때가 아닙니다.

　최대한 많이 홍보하고 후원자와 약속한 기간을 반드시 지키고 감사의 마음을 전하세요. 크라우드 펀딩은 사회적 계약입니다. 후원자의 기대를 충족하거나 기대 이상의 만족을 안겨 줄 때 당신에 대한 신뢰는 더욱 커집니다. 장기적으로 봤을 때는 펀딩의 가장 큰 가치는 후원자의 신뢰라 할 수 있습니다.

공동 마케팅과 컬래버레이션

당신이 쓰고 있는 책은 잠재적 파트너를 얻기에 가장 매력적인 무기입니다. 여기서 파트너란 해당 분야에서 영향력을 발휘하는 사람 또는 가까운 관계로 지내고 싶은 협력자를 의미합니다.

혼자서 모든 것을 해낼 수 없다는 사실은 명백한 삶의 진리입니다. 특정 기술과 경험을 지닌 사람을 고용해야 할 때도 있고, 프로젝트를 진행하기 위해 다른 회사의 개발자 등과 협력해야 할 때도 있겠죠. 작은 기업이나 소규모 사업가들은 더 새롭고 유연한 협업을 시도하고 있습니다. 공동 마케팅은 완전한 파트너십보다 덜 공식적이지만 법적 '계약'의 한 유형입니다. 업무 내용상 경쟁 관계가 아닌 상호 보완적 관계의 두 회사가 협력하여 각자의 시장에 의미 있는 신제품이나 서비스를 창출하는 것, 또는 서로의 제품이나 서비스를 합쳐 서비스하는 방식으로 공동의 이익을 도모하는 활동입니다. 따라서 손을 잡기 전에 자사의 이익을 위한 협상을 거치게 마련입니다. 하지만 마케팅의 시각으로 볼 때 '컬래버레이션'이란 두 회사 모두에게 이익을 가져다주는 통합 마케팅 전략을 의미합니다. 예를 들어 서로의 구독자를 상대로 제품·서비스·이벤트 등의 공동 이메일 캠페인을 진행하거나 시너지 효과를 낼 수 있는 자산을 공유함으로써 부분의 합보다 큰 콘텐츠 마케팅 캠페인을 진행할 수 있습니다.

공동 마케팅을 잘 활용한다면 당신의 커뮤니티에 흥미롭고 새로운 가치를 제공하는 효과를 얻을 수 있을 뿐만 아니라 상대방의 관계망과 커뮤니티를 통해 새로운 고객에게 다가갈 수 있기 때문에 괜찮은 윈윈 전략입니다. 하지만 서로의 뜻이 잘 맞지 않거나 혜택이 동등하지 않다면 당신과 커뮤니티 모두에게 불쾌한 경험을 안길 수도 있습니다. 예를 들어 글쓰기 능력과 시간을 가진 한 사람이 있고 넓은 영향력을 지닌 한 사람이 있다면 공저라는 형식으로 서로의 장점을 극대화할 수 있겠죠.

책을 출시할 때는 추진 동력에 불씨를 당겨 줄 만한 파트너를 찾아야 합니다. 제프 워커는 『출시의 기술』Launch이라는 책에서 파트너 업체와 함께 공들여 제품을 기획했는데 출시한 지 1시간 만에 100만 달러 이상의 수익을 창출한 사례를 소개한 바 있죠. 또한 일반적으로 공동 마케팅을 하면 파트너의 구독자가 자신의 웹사이트에 방문하게 되고 가입하기 때문에 지속적으로 뉴스레터를 구독해 줄 잠재 고객을 늘릴 수 있습니다. 장기적으로 봤을 때 후반으로 갈수록 초반의 일시적인 도서 판매를 뛰어넘는 가치를 창출할 수 있겠죠.

플랫폼과 네트워크는 콘텐츠가 있어야 돌아갑니다. 공동 마케팅의 잠재적인 파트너가 훌륭한 플랫폼과 네트워크를 보유하고 있다면 책 외의 다양한 유형(블로그, 브이로그 시리즈, 웨비나, 무료 온라인 강의 등)의 콘텐츠를 어떻게 제공할 수 있을지 파트너와 함께 연구하기 바랍니다.

나를 위해 남을 돕기

『크리에이터 코드: 세상에서 가장 창조적인 기업가들의 6가지 생각 도구』의 저자 에이미 윌킨슨은 5년 간의 고된 연구와 10,000페이지에 달하는 인터뷰 녹취록을 여섯 가지 우아한 원칙과 방법으로 정리해 소개합니다. 이 책의 마지막 조언은 무엇일까요? 바로 '작은 선물을 하라'입니다.

작은 선물은 작은 친절입니다. 가치 있는 무언가를 선물하는 것이죠. 과거에 도덕적 올바름 때문에 선물이란 행위를 했다면 현대 사회에서는 선함이 생산성을 높인다는 관념이 추가되었습니다. 지금은 평판이 투명한 시대이기 때문에 당신이 도움이 되는 동료라고 판단될 때 사람들은 함께 일하고 싶어 합니다. 당신에게 정보가 전달되고, 인재가 당신을 찾아오며 거래가 물 흐르듯 성사됩니다. 이 모든 것이 협력의 본질입니다.

에이미가 소개한 여러 방법 가운데 가장 놀라운 효과를 발휘한 것은 '작은 선물하기'였습니다.

미국인에게는 '착한 사람은 꼴찌 한다'는 인식이 있습니다. 친절해서 타인을 잘 돕는 사람은 남들을 돕느라 정작 자신에게는 신경 쓰지 못하고 시간을 낭비한다는 뜻이겠죠. 하지만 오늘날에는 오히려 반대입니다. 내가 함께 일하는 방식을 택하면 다른 사람들도 나와 함께 일하기를 원하거나 정보를 나누는 등 진심으로 아이디어가 실현되기를 응원합니다. 결국 남을 돕는 행동을 함으로써 나는 더욱 유능해지는 결과를 낳습니다.

이는 상대에게 호의를 베풀어 부담을 지우는 것이 아닙니다. 당장 눈에 보이는 혜택이 돌아오지 않아도 일관되게 자신의 관대함을 실천하는 것입니다. 가이 가와사키는 "세상은 빵을 먹는 사람과 빵을 굽는 사람으로 나뉘어 있다"는 멋진 비유를 했습니다.

빵을 먹는 사람은 삶을 제로섬 게임으로 생각하기 때문에 다른 사람이 먹어 버리면 자신은 먹을 수 없다고 생각합니다. 반면 빵을 굽는 사람은 더 큰 빵을 더 많이 구우면 된다고 생각하죠.

저는 이 개념이 참 마음에 듭니다. 우리 주변에는 '나에게 무엇이 이득인가'를 가장 먼저 떠올리는 사람들, 다른 사람이 자신의 아이디어를 훔치거나 자신의 성공을 빼앗길까 봐 두려워하며 사는 '빵을 먹는 사람'을 많이 볼 수 있습니다. 그러나 다른 사람에게 친절하게 대하는 것이 자신을 행복하게 만드는 효과적인 방법이라는 사실은 여러 실험을 통해 증명되었습니다. 그렇다면 사회적 평판이 적나라하게 공개되는 현대 사회에서도 사업에 도움이 될까요?

2016년 첫 번째 '기획서 쓰기 10일 챌린지'가 끝난 후, 저는 어느 고객의 계약 가능성이 높은 기획안을 아는 문학 에이전트에게 소개했습니다. 제가 얻을 경제적 이득을 떠나 미팅을 주선하고 제안서를 다듬고 피드백을 해 주었고, 지금은 완성된 책이 오기를 기다리는 중입니다. 그리고 예상치 못한 혜택이 제게 돌아왔습니다. 하나는 그 에이전트와 정기적으로 만나서 가능성 있는 기획에 대해 논의하는 관계가 된 것으로, 더 많은 양질의 고객을 유치하는 데 도움을 받고 있습니다. 다른 하나는 제 도움을 받은 저자가 소셜미디어에 저를 추천하는 멋진 글을 자발적으로 올렸다는 것입니다. 그로 인해 신규 고객 다섯 명과 연결되었습니다.

이러한 접근 방식은 글을 쓸 때 가장 중요한 자산인 콘텐츠와 아이디어가 책으로 출판된 후의 지원과 홍보로 바로 연결됩니다. 당신의 전문 지식을 꾸준히 제공한다면 당신과 생각을 공유하고자 하는 사람들과 더 쉽게 연결될 것입니다. 책이 완성되면 그들은 당신을 주변 사람에게 적극적으로 홍보할 테고요. 뭐, 가끔은 '빵을 먹는 사람'도 따라오겠지만 그다지 신경 쓸 필요는 없습니다. 우리는 언제든 더 큰 빵을 더 많이 구울 수 있으니까요.

4장
스스로 성장하는 법

책을 쓴다는 것은 출판 이상의 것입니다. 조애너 펜은 책의 궁극적인 목적은 출간에 있는 게 아니며, 이 사실을 깨닫는 때가 바로 출판의 '안티클라이맥스'anti-climax라고 말합니다.

중요한 것은 글쓰기입니다. 글을 쓰는 과정에서 당신에게 변화가 일어나기 때문이죠. 첫 책을 출판하는 순간은 다음 여정으로 나아가는 시작에 불과합니다. 출간한 책을 마케팅하고 다음 책을 쓰기 위한 기착점이라고 할 수 있죠. 지난 10년 동안 글을 쓰면서 저는 단단해졌습니다. 두려움과 자기 의심이 사라진 건 아니지만 그것이 과정의 일부라는 사실을 알았기 때문에 더 이상 두려움에 잠식당하지 않게 되었죠.

책 쓰기는 단순히 일을 확장하고 돈을 더 많이 벌기 위한 수단이 아닙니다. 오히려 그 이상의 효과를 얻을 수 있습니다. 내가 되고 싶은 사람으로 성장하고 변화할 수 있는 기회입니다. 당신이 아직 책을 쓰지 못한 이유는 두려움 때문이기도 하겠지만 시간이 부족하거나 명확하게 쓰기 어렵다는 이유가 가장 클 것입니다.

시간 관리하기

우리에게 부족한 것은 시간입니다. 성공한 사람은 대개 큰 수익을 가져다줄 활동에 집중할 수 있는 작업 목록을 성실히 다듬었을 것입니다. 무작정 책 쓰기에 시간을 투자하기 전에 자신의 글이 사업에 어떤 이점이 있는지 명확히 파악해야 합니다. 이 장에서는 효과적인 작업 방식, 즉 소중한 자원인 집중력을 어떻게 써야 사업에 도움이 될 수 있는지에 관한 통찰과 아이디어를 소개합니다. 하지만 글쓰기의 유용성을 완전히 이해하지 못했거나 무엇을 왜 써야 하는지 확신이 서지 않았다면 아직은 글쓰기에 도전할 때가 아닙니다.

명확하게 쓰기

그렇기 때문에 모든 의문에 대한 명확한 결론을 내려야 합니다. 영감과 활력을 얻어 성장하는 동시에 사업의 이익을 도모할 수 있는 글쓰기는 당연히 시간이 드는 일이므로 어떤 부분에 집중할 것인지 확실히 파악한 다음 시작해야 합니다. 당신이 말하고자 하는 바가 명확하지 않다면 시간을 할애해서 집필해 봤자 허점만 드러내는 꼴이 되기 때문입니다. 그 순간 다시 두려움에 사로잡히게 됩니다. '난 사람들에게 해 줄 말이 없어! 난 사기꾼이야! 잠자코 가만히 있는 게 나았어!' 죄책감이 당신을 주저앉히고 당신 주변에 벽을 만들겠죠.

아이러니하게도 글쓰기의 문제를 해결해 주는 것 역시 글쓰기입니다. 독립작가연합ALLi의 대표인 오나 로스는 "글쓰기는 인간에게만 있는 능력 중 가장 저평가된 무기"라고 말합니다. 그래서 이 장에서는 두려움과 미루는 습관을 극복하고, 생각을 정확히 정리하고 표현할 수 있는 실용적이고도 디테일한 방법을 소개할까 합니다.

다채롭고 풍부하게 읽기

이런 식의 몰입형 독서는 확장성이 부족합니다. 당신의 관심사에 해당하는 책은 집중적으로 읽되 나머지는 '빠르게' 읽는 게 좋습니다. 컴퓨팅 분야에 "쓰레기를 입력하면 쓰레기가 출력된다"garbage in, garbage out는 표현이 있습니다. 이 표현을 컴퓨터가 아닌 인간의 글쓰기에 빗대자면 "좋은 독서를 해야 좋은 글을 쓸 수 있다"good reading in, good writing out라고 할 수 있겠죠.

팟캐스트에서 만난 작가들은 하나같이 독서의 중요성을 강조했습니다. 독서를 위한 독서, 경쟁 우위를 위한 독서, 작가로서의 독서 그리고 디지털화가 가속화되는 세상에서 독서가 우리에게 미치는 영향에 대해서 말이죠.

'경쟁 우위를 위한 독서'라는 말이 좀 이상한가요? 이 부분은 『우버노믹스』Ubernomics의 저자 바버라 그레이가 자신에게 지적 자산을 제공한 모든 책을 소개하는 회사 홈페이지 '브래디캡'의 '도서관' 카테고리에서 답을 얻을 수 있습니다. 이 공간에서는 자신이 쓴 책에 참고한 도서 목록을 소개하며 자산 관리 전문가로서 금융에 관한 글을 쓰기 위한 준비 과정에 독서를 권합니다.

(저자는) 다른 사람의 아이디어를 바탕으로 자신의 아이디어를 쌓아 올립니다. 대부분의 경제 경영서는 다른 사람의 많은 글을 참조하고 있습니다. (……) 애널리스트의 관점에서 보자면 서로 관련이 없는 정보를 취합하고 조합하여 주식 매수 또는 매도 여부에 대한 통찰력을 제공하는 모자이크 이론과 같다고 할 수 있습니다.

좋은 정보가 있어야 좋은 결정을 내릴 수 있습니다. 스스로 성장하고자 하는 모든 사람에게 좋은 책을 읽는 행위는 단순한 취미가 아니라 의무라 할 수 있습니다. 따라서 '읽기'는 가장 현명한 투자 방법인 셈이죠. 그럼 어떤 책을 읽는 게 좋을까요? 크게 세 가지 범주가 있습니다.

내 분야에 관한 책

당신이 어떤 글을 쓰고 있든, 이미 세상에는 당신과 같은 주제를 다룬 훌륭한 책이 (당신이 좋아하든 싫어하든) 나와 있습니다. 이건 반가운 일입니다. 그 분야에 대한 독자의 관심이 형성되어 있다는 뜻이니까요. 사람들은 관심 있는 주제의 책을 살 때 한 권만 사지 않고 여러 권을 삽니다. 당신의 경쟁 업자들이 사용하는 모델과 방법론, 새로운 아이디어와 용어, 인기 있는 주제가 무엇인지 흐름을 파악해야 합니다. 책 외에 블로그, 팟캐스트, 뉴스 기사 등 다양한 콘텐츠도 두루 섭렵한 다음 당신만의 콘텐츠를 만들 준비를 하세요.

주변 분야의 책

자신을 '글 쓰는 독자'라고 소개하는 '브레인피킹스'BrainPickings의 블로거 마리아 포포바는 "연결성 없어 보이는 것을 연결하고 기존 지식에 세계가 작동하는 방식에 관한 새로운 통찰을 융합하는 능력"을 창의성이라고 정의했습니다. 엠마 세린은 배우와 감독으로서 겪은 경험에 자신이 공부한 심리학 지식을 융합하여 '세린 방법론'The Serlin Method이라는 효과적인 커뮤니케이션 이론을 개발했습니다. 에릭 리스는 애자일 소프트웨어 개발과 스티브 블랭크의 기업가 정신 이론을 결합하여 '린 스타트업'이라는 방법론을 개발했습니다. 당신 주변에서는 무슨 일이 일어나고 있나요? 몇 가지라도 좋으니 담장 너머 세상에서 무슨 일이 일어나고 있는지 알아보고, 그 이슈가 당신이 쓰고 있는 주제에 어떤 용도로 쓰일 수 있을지 상상해 보세요.

일반적인 대중서

경제 경영서는 수없이 많은 책이 출간되고 있지만 그렇다고 해서 이 분야만 탐독하는 것은 균형 잡힌 독서가 아니죠. 당신의 글쓰기와 연관성이 없어 보이지만 흥미를 끄는 책도 읽어야 합니다. 소설, 유머, 자서전 등 무엇이든 읽다 보면 내러티브 장치, 농담의 타이밍, 스토리텔링의 리듬과 형태를 배울 수 있습니다. 게다가 모임이나 행사에서도 훨씬 더 재미있는 사람이 될 수 있어요. 한 걸음 더 나아가 수동적이고 일방적인 책읽기에서 벗어날 수도 있습니다. 세스 고딘은 이렇게 말합니다.

사람들은 작가가 독자를 위해 행사를 열고, 책을 쓰고, 블로그를 운영한다고 착각합니다. 이 모든 활동은 작가와 독자가 함께 벌이는 겁니다. 독자인 당신에게는 의무가 있습니다. 책을 읽고 효과가 있었다면 주변 사람에게 그 책을 선물하세요. 소문을 퍼뜨리세요. 그것이 관객의 의무입니다. (……) 좋은 관객이 좋은 공연을 만듭니다.

당신은 어떤 독자인가요? 책을 얼마나 열심히 읽고 있나요? 작가가 최선을 다할 수 있도록 독자로서의 암묵적 계약의 의무를 다하고 있습니까? 아니면 휴대폰에 관심을 뺏기고 있나요? 좋은 글을 읽을 때는 제대로 읽으세요. 당신의 모든 통찰력과 경험을 동원해 소화한 다음 당신 차례가 왔을 때 제대로 써먹으세요. 당신이 어떤 영감을 받았는지 저자에게 감상을 전할 수도 있습니다. 책의 어떤 부분이 좋았고 어떤 성과를 얻었는지, 다양한 경험이 축적된 책을 읽게 해 주어 얼마나 고마운지도 전할 수 있겠죠.

이러한 실천은 이 책을 읽고 무엇을 깨달았는지 스스로 점검하는 계기가 될 뿐만 아니라 책을 좀 더 면밀히 관찰할 수 있어 작가로서도 새로운 것을 배울 수 있는 기회이기도 합니다. 어쩌면 저자와 좋은 인연을 맺어 앞으로 당신이 쓸 책에 대한 조언을 구할 수도 있겠죠.

빠르게 읽기

『범상치 않은 비즈니스 북클럽』을 시작했을 때, 순진하게 도 저는 인터뷰할 저자의 모든 책을 미리 읽을 수 있다고 자신했습니다. 하지만 일주일 만에 여러 권의 책을 깊이 읽 기는 무리라는 사실을 깨달았죠. 궁지에 몰린 저는 책을 빠 르게 읽는 방법을 개발했습니다. 모든 단어를 읽지 않으면 서 핵심 주제를 잡아 내고 전체적인 흐름을 이해하는 기법 이죠. 이 기법을 쓰면 내 시간과 에너지를 쏟아 붓지 않고 도 해당 분야의 대화에 귀를 기울일 수 있고 책을 집필할 때 필요한 자료 조사도 멋지게 해낼 수 있습니다.

제가 만든 '빠르게 읽는 법'은 『하버드 비즈니스 리 뷰』에 실린 피터 브레그먼의 글 '일주일에 책 한 권씩 읽는 법'○에서 영향을 받았으며, 더 정확하게는 브레그먼에게 논픽션을 읽는 것과 이해하는 것의 차이를 가르친 마이클 히메네즈 교수의 가르침에 바탕을 두고 있습니다.

브레그먼은 책의 저자를 파악하는 것부터 시작하라 고 합니다. 예컨대 저자의 자서전을 먼저 읽어 그가 걸어온 인생과 경험을 알게 된다면 그의 다른 저서를 균형감 있게

○ 'How to Read a Book a week'로 검색하면 원문을 볼 수 있다.

이해할 수 있습니다.

출판계에서 일하는 사람들은 독자가 책을 잘 이해하게 하는 데 많은 시간과 에너지를 쏟고 있습니다. 책의 내용과 주제를 잘 전달하는 제목과 표지를 결정하고 핵심을 예리하게 짚은 카피를 쓰고, 사람들의 마음을 사로잡을 만한 마케팅 문구를 만들고, 해당 책의 차별적이고도 독창적인 면을 홍보합니다. 제가 하고 싶은 말은 무작정 책을 펼쳐 읽기 전에 출판사가 강조하는 핵심 내용부터 검토하라는 것입니다. 그런 다음 책의 '지도'인 목차를 보면 전체적인 범위와 형태를 파악할 수 있고 저자가 어떤 부분에 비중을 두고 있는지 파악할 수 있습니다.

리뷰를 볼 때는 중간 평점을 준 리뷰 가운데 특별히 세심하거나 다른 리뷰와 차이가 느껴지는 글을 참고하는 게 좋습니다. 책에서 어떤 도움을 얻었으며 아쉬운 부분은 어떤 것인지 확인하세요. (이 모든 정보는 온라인서점의 책 판매 페이지와 '미리보기'로 볼 수 있으니 아직 구매하지 않아도 됩니다.)

이쯤 되면 더 읽을 가치가 있는 책인지 판단하기에 충분합니다. 책을 더 읽기로 결정했다면 저자가 다루고 있는 주제와 접근 방식을 설명한 서론을 먼저 읽고 주장을 요약

한 결론을 읽은 다음, 각 장의 첫 번째와 마지막 단락에서
주장을 어떻게 발전시키는지 검토하는 순서로 읽습니다.

책과 대화하기

'다채롭고 풍부하게 읽기'와 '빠르게 읽기' 모두 유용하지만, 한 단계 더 나아가고 싶다면 눈으로만 읽는 수동적인 읽기에서 벗어나 직접 메모하는 방식으로 저자와 대화를 시도해 보세요. 메모하는 것만으로도 능동적으로 텍스트에 참여하게 되고, 읽은 내용을 더욱 풍부하게 이해하고 오래 기억할 수 있습니다.

노트 필기와 자료 정리 방법은 2부에서 소개할 예정이라, 여기서는 책 이해를 돕고 당신의 생각을 발전시키는 메모 방법에 초점을 맞추겠습니다.

먼저 A4 용지 위에 책 제목과 저자 이름을 적은 뒤 한가운데에 세로로 줄을 그어 칸을 나눕니다. 이제 책을 읽으면서 인상적인 내용을 왼쪽 칸에 간략히 정리해서 메모합니다. 그리고 오른쪽 칸에 '그래서?'라고 적습니다. 책에 소개된 조언, 사실, 관점, 통찰력이 나와 내 사업에 어떤 의미가 있는지 질문을 던지는 거죠. 어떤 가능성을 암시하고 어떤 행동을 제안하고 있나요? 관련 분야에서는 어떻게 적용할 수 있을까요?

마이클 가버의 『사업의 철학』

사업 내부에서 일하지 말고
사업을 바탕에 두고 일해야
한다. 사람들은 대부분의 시간을
내부에서 일하는 데 쓴다.
기술자처럼 행동하지 말고
CEO처럼 행동해야 한다.

책 쓰기 훈련을 할 때도
적용할 수 있을까?

두 가지 태도로 나눠서
생각해 볼까?

책 쓰기를 염두에 두고 일하기
(예: 수익 구조 설계 마케팅 등)

책 내부에서 일하기
(예: 목차 짜기 글쓰기 등)

저는 책을 읽으며 메모할 때 저자에게 개인 코칭을 받고 있다는 상상을 합니다. 그러면 저자와 마주 앉아서 제게 닥친 문제를 해결하기 위한 조언을 듣고 있다는 착각이 듭니다. 때로는 '그렇긴 하지만……' 하고 반박하고 싶을 때도 있지만 보통은 '네, 그렇죠!' 또는 '갑자기 좋은 아이디어가 떠올랐어요!'라고 속으로 말할 때가 많습니다.

제가 이 방식으로 처음 읽은(아니, 다시 읽은) 책은 마이클 거버의 『사업의 철학』으로, 이 독서에서 얻은 영감을 당시 만들고 있던 책에 곧바로 적용할 수 있었습니다.

이렇듯 적극적인 대화 방식으로 책을 읽을수록 당신의 글쓰기에 깊이가 더해지고 사고의 폭도 넓어집니다. 책을 단순 소비하는 방식에서 벗어나 저자와 더불어 새로운 통찰을 얻고 자기만의 아이디어를 찾을 수 있습니다. 뿐만 아니라 이런 읽기 방식은 대규모 회의나 행사에서도 유용합니다. 연설자의 내용을 그대로 받아 적지 말고 순간적으로 떠오른 아이디어와 함께 적는 습관을 만들어 보세요.

글쓰기로 성찰하기

읽기가 무르익으면 자연히 글쓰기로 이어집니다.

제가 아는 글을 잘 쓰는 사람은 대부분 생각도 훌륭합니다. 저는 훌륭한 생각이 좋은 글을 쓰게 하는 게 아니라 글쓰기가 더 나은 생각을 하게 만든다고 믿습니다.

– 세스 고딘

글을 쓰면 관찰력이 높아집니다. '음, 흥미로운데? 왜 흥미로울까?' 하는 생각 자체를 글로 담을 수도 있죠. 이를 통해 하고 싶은 말이 무엇인지 생각하게 됩니다.

– 유안 셈플(작가)

글쓰기는 저에게 두 가지 의미가 있습니다. 형체 없는 것에 형체를 부여하는 이 작업은 제게 엄청나게 행복한 감정을 안겨 줍니다. 또 저는 사람들과 어울리며 소통하고 여러 사람의 이야기를 들으면서 그들로 하여금 더 창의적이고 더 나은 성과를 거두어 더 나은 삶을 살 수 있도록 돕고 싶습니다. 글을 쓰면 (…) 음악에 가사를 붙일 수 있죠. 그렇게 노래가 탄생합니다.   – 마이클 닐

글쓰기는 사업을 하는 사람이 갖춰야 할 중요한 습관입니다. 글을 쓰면 전문가로서 권위를 얻을 수 있고, 검색 가능성을 높일 수 있으며, 신뢰를 쌓을 수 있습니다. 나아가 실질적인 이점을 넘어 삶의 본질적인 가치를 깨달을 수 있습니다.

글을 쓰면 우리에게 무슨 일이 일어날까요?

분명한 건 글쓰기가 우리를 변하게 한다는 사실입니다. 글을 쓰면 일상의 피상적인 사고와 소통에서 깊게 내려가 더 가치 있는 지점에 도달할 수 있습니다. 예전에는 다른 사람이 쓴 책을 읽고 나서 '당연하지!' 혹은 '누가 이걸 썼지? 정말 기발한데?'라고 생각했다면 이제는 글을 쓰는 과정에서 자신의 생각과 신념을 알아차릴 수 있습니다. 이런 변화를 맞이하면 예전과는 다른 세상이 펼쳐집니다. 새로 얻은 깨달음과 밝아진 눈으로 세상을 바라본다면 당신은 예전과 다르게 생각하고 다르게 행동하게 될 겁니다.

글쓰기는 말하기에도 변화를 일으킵니다. 당신이 어

떤 주제에 대해 말할 때 자기도 모르게 빛나는 통찰력을 발휘하게 만들지요. 다만 말이란 실시간으로 진행되는 것이기 때문에 한순간 떠오른 기발한 생각은 금세 사라지기 일쑤입니다. 기록할 시간을 갖기 위해 갑자기 말을 멈추거나 속도를 늦출 수도 없죠. 반려견과 대화하는 상황이 아니라면 글을 쓸 때처럼 생각할 시간을 갖기는 어렵습니다. 하지만 가끔 다른 사람이 대화에 끼어들어 부싯돌처럼 당신의 생각에 스파크를 일으키는 경우도 있습니다. 어쨌든 사람들의 대화로 시끌시끌한 상황에서는 골똘히 생각에 잠기거나 순간적으로 떠오른 통찰에 대해 사유하기가 쉽지 않겠죠. 오히려 그런 생각을 내쫓는다고 봐야죠. 한편 생각을 글로 옮기는 작업은 남들에게 즉각적으로 평가되는 두려움 없이, 자신의 가장 깊은 곳에 존재하는 독창적인 생각을 밖으로 끄집어낼 수 있습니다. 아이디어를 밖으로 꺼내지 않고서 그것이 얼마나 가치 있는지 어떻게 알겠어요? 다른 사람에게 당신의 아이디어에 대해 의견을 구하기 전에 스스로 생각하고 판단하는 과정이 필요합니다.

작가처럼 생각하기 시작하면 당신은 밀을 밀가루로 만들 수 있습니다. 기분 나쁜 일상도 좋은 이야깃거리가 됩니다. 글쓰기 습관을 기르면 한 발짝 뒤에서 관찰의 시선으로 자신과 타인의 행동을 바라볼 수 있습니다. 소크라테스는 "성찰하지 않는 삶은 살 가치가 없다"고 말했지요.

결국 당신의 책은 엄연히 글쓰기 습관의 산물입니다. 사업 전략을 명확하게 하고, 자신이 전하고 싶은 메시지를 알아내어 세상 속 자신의 위치를 깊이 이해해 전방위적인 소통이 가능하게 되는 것은 글쓰기의 예상치 못한 선물이죠.

최근 '기획서 쓰기 10일 챌린지'의 참여자 중 한 명은 "처음으로 내가 어떤 사람이고 무슨 일을 하는지 명확하게 말할 수 있게 되었다"는 소감을 밝혔습니다. 마이클 닐에게 책을 쓰면서 변화를 겪은 적이 있는지 물었더니 이렇게 대답했습니다. "저는 항상 변화하고 있습니다. 변화야말로 제가 글을 쓰는 이유죠. 7년 동안 글쓰기를 가르치며 책을 썼기 때문에 변한다는 사실은 저한테 새롭지 않지만 글을 계속 쓰다 보면 또 다른 차원의 선명한 깨달음도 얻을 수 있습니다."

프리라이팅

처음 저에게 프리라이팅freewriting이라는 개념을 알려 준 사람은 『우연한 천재』Accidental Genius라는 뛰어난 책의 저자 마크 레비로, 그 역시 피터 엘보의 『힘 있는 글쓰기』에서 발견했다고 합니다. 이렇게 아이디어란 책에 담아 내놓으면 스스로 자신의 운명을 만들어 가는 법이죠.

프리라이팅의 기본 개념은 글을 쓰는 행위와 읽힌다는 생각을 버리고 내 마음 속 가장 깊은 곳의 생각을 밖으로 꺼내는 (레비의 표현을 빌리자면) '수도꼭지'로 사용하자는 것입니다. 머릿속 생각은 펜을 거쳐 종이로(타이핑이 빠른 사람이라면 키보드를 거쳐 화면으로) 느슨하게 심지어 무작위로 흘러나오고 방향 없이 흘러가는 과정에서 새로운 연결고리와 통찰을 만들어 냅니다. 이 방식은 생각의 실타래를 계속 풀어 낼 수 있기 때문에 단순히 생각만 하는 것보다 훨씬 효과적입니다. 게다가 머릿속 생각의 흔적을 남기기 때문에 다시 돌아가서 혼란한 부분을 명료하게 고칠 수도 있습니다.

독립작가연합의 대표 오나 로스는 프리라이팅을 가

르칠 때 '빠르게Fast, 그대로Raw, 정확하게Exact, 쉽게Easy'를 강조하면서 수강생이 잘 기억할 수 있도록 'FREE'라는 줄임말로 소개합니다.

'빨리' 쓰는 것이 가장 중요합니다. 워크숍을 할 때 "시작하세요"라고 말한 다음부터 "멈추세요"라고 말할 때까지 최대한 빨리 써야 합니다. '그대로' 쓰라는 뜻은 문법, 맞춤법, 문장부호 등에 신경 쓰지 말라는 뜻입니다. 세세한 부분을 생략하고 최대한 빨리 쓰면 됩니다. 그렇게 쓰다 보면 가끔은 자기도 모르게 쓰고 싶지 않은 내용까지 꺼내게 됩니다. 즉 생각의 밑바닥에 숨어 있는 자신의 무의식을 만날 수 있습니다. '정확하게'는 구체적 표현을 사용하라는 뜻입니다. 처음에는 생각나는 대로 쓰고 1, 2초 정도 생각할 시간을 주어 더 구체적인 단어로 바꾸면 됩니다. 예를 들어 '과일'이라고 썼다가 '청포도'라고 쓰거나 '청포도가 시들고 있다'라고 쓰는 등 묘사를 추가하는 겁니다. 빠르게 쓰는 속도를 유지하다 보면 시간을 너무 지체하지 않고도 물 흐르듯이 할 수 있게 됩니다. '쉽게' 쓰라는 것은 당연한 말처럼 생각되지만 우리는 자라는 동안 신중하게 생각하고 나서 행동하라는 교육을 받았기 때문에 생각한 대로 잘 되지 않습니다.

로비 켈먼 백스터는 『멤버십 이코노미』를 집필하면서 글쓰기가 생각 도구로서 얼마나 강력한지 새삼 깨달았다고 합니다.

문제가 생겼는데 답이 안 나올 때는 새 문서를 열고 이렇게 말합니다. "이 문제의 답을 찾을 방법이 떠오르지 않는데, 왜 방법을 모르겠냐면……" 일단 떠오르는 생각을 그대로 글로 옮기기 시작하면 문제에 더 잘 접근할 수 있고, 때로는 문제가 해결되기도 합니다.

프리라이팅의 이점은 책을 쓰게 하는 원동력이 된다는 것입니다. 글을 자주 그리고 공개적으로 쓰는 습관을 들일 수 있고, 특히 백지공포증도 스스로 조절할 수 있게 됩니다. 자신이 유용한 글을 쓸 수 있다는 확신이 드는 순간부터 언제 어디서든 시작하면 됩니다. 어떤 함정에 빠지더라도 글을 쓸 수 있다고 생각하면 실제로 글쓰기가 함정을 벗어나는 최고의 방법이라는 사실을 깨닫게 될 겁니다.

모닝페이지

저는 일주일 동안 네 명에게서 정확히 똑같은 무언가를 추천받은 적이 있습니다. 그 추천의 대상은 줄리아 캐머런이 『아티스트 웨이』에서 추천한 '모닝페이지'입니다. 매일 아침 일어나서 종이 세 장을 채우는 글쓰기로, 하루 일과를 시작하기 전에 뇌가 가장 창의적인 시간을 이용하는 겁니다. 제 경우 모닝페이지를 시작한 지 얼마 안 되었을 때 두 번째 장 중반까지 생각이 갈피를 잡지 못하고 중구난방으로 흐르다 후반으로 갈수록 글쓰기의 목적을 의식하며 전개되었습니다.

모닝페이지는 자유롭게 쓸 수 있는 안전한 공간을 제공한다는 데 큰 의미가 있습니다. 사실상 그렇게 하도록 유도하는 것이죠. 논리적으로 설명하기보다는 깨달음을 '느낄' 수 있는 시간과 공간을 만들어 주기 위해 뇌의 신경세포를 연결해 주는 시냅스를 새롭게 형성하는 작업입니다. 모닝페이지에 몰입하면 떠오르는 생각을 받아 적고 있는지, 글을 쓰다 보니 생각이 떠오르는 건지 구분하기 힘듭니다. 윌리엄 진서가 자신의 책 『공부가 되는 글쓰기』에서 지적했듯 '글쓰기, 배우기, 생각하기'의 과정은 근본적으로 똑같이 진행된다는 점을 이용하는 겁니다.

저는 원래 외향적인 성격이지만 모닝페이지를 통해 제 안에 숨어 있던 창의적이고 내성적인 면을 발견했습니다. 또한 제가 생각해 온 창의성에 대한 인식도 완전히 바뀌었고 백지공포증도 사라졌습니다. 모닝페이지는 프리라이팅과 마찬가지로 책을 집필하는 근력을 키워 주며 글쓰기에 몰입할 수 있도록 이끌어 줍니다.

모닝페이지를 당신의 습관으로 만드세요. 프리라이팅과 달리 모닝페이지에는 특정한 주제가 없습니다. 특정한 매듭을 풀기 위한 도구가 아니라 당신의 뇌 가장 깊은 곳, 가장 창의적인 생각이 숨어 있는 곳에 접근하는 활동입니다. 무엇보다 좋은 점은 캐머런이 말했듯이 "잘못 쓴 모닝페이지는 없다"는 것이죠.

내 삶의 의미와 흥미 파헤치기

저를 비롯해 여러 전문가는 글을 쓸 때 '독자에게 집중하라'는 조언을 많이 합니다. 독자가 봉착한 문제가 무엇인지, 무엇을 원하는지, 어떤 문제가 공감을 불러일으킬 수 있을지 조사한 뒤에 쓰라고 말이죠. 물론 중요한 조언이긴 하지만 그게 전부는 아닙니다. 자동차 대중화의 선구자 헨리 포드는 자동차가 발명되기 전에 사람들에게 어떤 탈것을 원하는지 물었다면 그냥 '더 빠른 말'이라고 대답했을 거라고 했습니다.

자기 분야를 이끄는 존재로 자리매김하고자 글을 쓰는데 팔로워들의 의견에 의지한다는 건 말이 안 됩니다. 그들이 당신의 잠재적 독자라 해도 메아리 같은 이야기만을 되풀이하려는 게 아니라면 방향을 다시 잡아야 합니다. 글쓰기 코치이자 포지셔닝 전문가인 마크 레비는 이렇게 말했습니다.

먼저 당신의 말을 경청하는 사람들을 살펴보세요. 그들은 스스로 안전하다고 판단되는 내용을 당신이 반복해 주기를 바라고 있습니다. 이미 맛본 것을 확인받고자 할 뿐입니다. 그런 식으로는 새로운 리더가 될 수 없습니다.

일단 당신에게 의미 있는 것과 당신이 흥미를 느끼는 것을 전부 적어 보세요. 그다음 독자를 떠올리며 이렇게 자문해 보세요. '그들에게 가장 필요한 도움은 무엇일까? 그들이 가장 흥미롭다고 생각할 만한 것은 무엇일까?' 첫 번째 질문과 두 번째 질문의 대답이 겹쳐지는 부분, 즉 '나 자신에게 정직한 것을 기초로 독자들을 돕는' 방식에 답이 있습니다.

레비에게 '의미와 흥미'란 내 생각이라는 필터에 끼어 있는 보푸라기 같은 것입니다. 이유는 알 수 없지만 잊을 수 없는 기억, 철학, 아이디어, 나를 매료시키는 이야기 속에서 자신만의 의미를 발견하는 것을 뜻합니다. 우리는 저마다 다른 의미와 흥미를 지니고 있습니다. 그것은 자기의 삶과 업무 경험, 관계와 대화, 지금까지 읽은 책에서 독창적인 관점으로 걸러진 조각들이겠죠. 이 조각들을 과감하게 탐구하고 표현할 수 있을 때 자기 분야에 대한 전문적이고도 고유한 관점을 지닌 리더십이 탄생합니다.

너 자신을 알라

나의 성격 유형과 글쓰기

책을 쓰기로 결심했을 때 스스로에게 던져야 할 기본적인 질문은 '나는 어떤 유형의 작가인가'입니다. 자신의 강점과 호불호를 명확히 이해할수록 자신에게 맞는 글쓰기 방법을 찾기 쉬우니까요.

예를 들어 당신은 설정한 목표를 달성하기 위해 매진하는 사람이라고 스스로 평가할 수 있겠지만 실제로는 그렇지 않을 가능성이 있습니다. 사실 진짜 성실한 사람은 그렇게 많지 않거든요. (위로가 될지 모르겠지만, 진짜 성실한 사람은 파티에서 인기가 없답니다.) 글쓰기 생산성 앱인 '프로라이피코'Prolifiko의 창립자인 벡 에반스는 그레첸 루빈이 쓴 책 『나는 오늘부터 달라지기로 결심했다』에 수록된 '네 가지 유형' 테스트를 소개해 주었습니다. 제가 직접 해 보니 개인적으로 생산성을 높일 수 있을 뿐만 아니라 고객 성향을 파악하는 데도 매우 유용했습니다. '네 가지 유형'은 옹호자, 의무자, 질문자, 반항자입니다.

옹호자는 '나는 ○○을 할 거야'라고 스스로 결심한 다음 조용히 실행하는 사람입니다. 이런 사람은 무언가를 이루겠다고 자신에게 약속하면 반드시 실천하는 사람으로, 흔치 않은 부류입니다. 당신이 옹호자라면, 정말 부럽습니다. 당신은 이 책을 사서 읽을 필요도 없이 알아서 책을 쓸 것이고 출간 파티까지 차질 없이 계획할 테니까요. 다른 사람들은 당신을 시샘하면서도 당신을 닮고 싶어할 겁니다.

의무자는 혼자 다짐하기보다는 남들에게 목표를 공개해야 실행할 가능성이 높습니다. 운동을 꾸준히 하는 게 목표라면 친구와 함께하기로 정하고 시간 약속까지 잡아두는 게 좋겠죠. 제가 바로 의무자 유형입니다. 많은 의무자가 그러하겠지만, 글쓰기 모임에 가입하거나 어떤 의무를 맡았다는 사실을 공개함으로써 어떻게든 진전하게 만드는 것도 좋은 방법입니다. 이제는 '진짜' 써야 하니까요.

질문자는 영화 「스타트랙」에 등장하는 이성적인 원칙주의자 '스팍'Spock같은 사람입니다. 질문자는 해야 할 일이 왜 중요한지 스스로 납득했을 때만 행동합니다. 누군가가 좋은 아이디어를 제안해도 스스로 확인하지 않으면 귀중한 시간과 에너지를 낭비하지 않으며, 실행에 옮기기 전에 무엇이 관련되어 있고 어디에 도움이 될지 정확히 알고 싶어 합니다. (저희 집에 '질문자' 아이가 있답니다. "이제

옷 입자." "왜요?")

　질문자에게는 1장에서 소개한 전략적 사고와 제목 선택의 기술이 유용합니다. 실천하기 전에 왜 책을 써야 하는지, 책이 자기 일에 어떤 도움이 될지 명확히 파악하는 데 도움이 될 겁니다.

　반항자는 이렇게 하라거나 기대하겠다는 말을 듣는 것만으로도 반대의 행동을 하고 싶은 거부 충동에 시달립니다. (저희 집에 '반항자' 아이도 있죠.) 여러분이 반항자라면 행운을 빕니다. 책을 쓰면 안 되는 사람일지도 몰라요.□

외향형과 내향형

거의 모든 성격 테스트에서 공통적으로 나오는 기본적인 성격 특성은 바로 외향성과 내향성입니다. 이 분류에 많은 오해가 있는데, 내향인이라고 해서 모두 수줍음을 타지 않으며 외향인이라고 해서 항상 관심이 자기에게 집중되기를 바라지 않습니다. 칼 융의 정의에 따르면 심리학에서는 에너지를 어디에서 어떻게 얻는지에 따라 외향성과 내향성을 구분한다고 합니다. 외향성은 '에너지(리비도)의 외향적 흐름, 즉 사건이나 사람 및 사물에 대한 관심, 인간관계와 타인에 대한 의존성'을 뜻한다고 설명했습니다. 반면

□ 책을 쓰면 안 된다고 하니까 더 하고 싶죠? 고맙다는 말은 넣어 두세요. 제가 얼마나 오랫동안 이 방법을 연구했는지 몰라요.

내향성은 '개인적인 에너지의 내적 흐름, 즉 주관적인 요소에 집중하기 위한 침잠'을 뜻한다고 했습니다.

성격 유형 검사로 유명한 MBTI는 반드시 이 유형 중 한쪽에 속하도록 구별하지만, 인간의 외향성과 내향성은 연속선상에 있다는 점을 기억해야 합니다. 저처럼 외향인에 속하는 사람도 가끔은 혼자만의 시간이 필요하고, 내향적인 사람도 필요할 때는 무대에 올라 에너지를 분출하곤합니다. 우리는 대부분 혼합형이며 한쪽 성향만 지닌 사람은 거의 없습니다.

누군가는 내향과 외향이라는 구분은 불명확하므로 우리 모두는 어느 쪽으로든 원활하게 바뀔 수 있는 양면적 존재라고 주장합니다. 하지만 칼 융에 따르면 정도의 차이는 있으나 사람은 저마다 치우친 면을 가지고 있습니다. 어떤 위기감을 느끼거나 불안하거나 아플 때 저는 평소보다 내성적인 성향이 드러나는 편인데, 그럴 때면 친구들로부터 "오늘 왠지 너답지 않아"라는 말을 듣습니다. 그 말이 맞습니다. 제가 다시 '나답게' 되면, 즉 모든 것이 예전처럼 제자리를 잡고 평소의 마음을 되찾으면 외향적인 성향이 강해지는 것이죠. 다시 몰입하고 활력을 되찾을 준비가 된 겁니다.

팟캐스트『크리에이티브 라이프 쇼』의 진행자인 조애나 피터스는 자신이 내향인이라고 밝히면서 압박적인 상황에서 두 가지 유형이 어떤 반응을 보이며 그 위험성은 어떠한지에 대해 흥미로운 분석을 내놓았습니다. 그의 분석에 따르면 내향적인 사람은 문제의 해결책을 찾기 위해 더 열심히 일하거나 생각에 집중하기 때문에 자기 내면으로 깊게 파고들어 갈 가능성이 높습니다. 압박을 받으면 받을수록 외부와 상호작용해 봤자 소용이 없다고 생각하므로 실제로 외부의 자극에 반응하지 않는 것이죠. 반면 외향적인 사람은 압박감을 느낄 때 타인과 대화할 가능성이 더 높지만, 즐거운 상호작용을 통해 기분을 풀려고 하기 때문에 집중력은 떨어질 수밖에 없습니다. 외향적인 사람은 항상 주변에서 무슨 일이 일어나고 있는지 평가하기 때문에 내면화하는 데 시간을 쓰지 않습니다. 절제력 있는 외향인의 경우에는 자신의 사교적인 행동을 '잘못'으로 판단하고 글쓰기를 비롯한 혼자만의 활동을 택하며 사회적 활동을 줄이기 때문에 소통의 폭이 좁아질 수도 있습니다.

외향인을 위한 조언

저는 명백히 외향적인 사람입니다. 정말 안타깝죠. 제

겐 내성적인 성격이 훨씬 멋있게 보이거든요. 하지만 어쩔 수 없죠. 저는 사람들과 함께하는 활동을 좋아합니다. 주변에서 흥미로운 대화를 나누는데 잠자코 있기란 불가능합니다. (저뿐만 아니라 저희 어머니도 잘못된 번호로 전화를 걸어 놓고 2시간 가까이 수다를 떤 적이 있답니다.) 외향적인 성격인 저는 사람들과 대화하는 게 즐겁습니다.

외향적인 제 성격이 유용할 때는 언제일까요? 워크숍을 운영할 때, 교육을 진행할 때, 기차에서 우연히 만난 흥미로운 사람들과 대화할 때, 팀을 관리할 때, 팀 코칭이나 팀을 지원할 때, 모금 활동을 할 때, 모임을 주최할 때,『범상치 않은 비즈니스 북클럽』팟캐스트에서 게스트를 인터뷰할 때, 사람들에게 책 쓰는 방법을 알려 줄 때였습니다.

그럼 외향적이라서 너무 힘들었던 적이 언제냐고요? 책을 쓰기 위해 오랫동안 앉아 있어야 할 때였죠. 제가 하는 일을 생각하면 참 아이러니하죠?

외향적인 사람은 다른 사람들과 함께하는 과정에서 에너지와 아이디어를 얻습니다만, 저는 그렇게 극심한 외향인은 아니에요. 혼자 있는 게 힘들어서 5분마다 친구에게 전화를 걸지도 않으며 TV를 틀어 놓지 않고도 일을 할 수 있으니까요. 하지만 매일 혼자 앉아 있는 경우에는 마음이 시들시들 가라앉습니다. 그동안은 의뢰받은 일을 해내기 위해 기꺼이 글을 써 왔지만 글쓰기와 사업에 관한 책을 쓰기 위해 의자에 앉아 컴퓨터 화면을 마주하는 순간에는 제 몸에서 활기가 빠져나가는 것 같죠.

저는 사람들과 연결될 때 에너지와 아이디어와 영감을 얻습니다. 오랫동안 함께 일해 온 동료들과 대화하는 중에 아이디어가 떠오르고 앞으로 해야 할 일을 발견합니다. 사람과 사람 사이에 존재하는 마법 같은 공간에서 아이디어를 구체적인 형태로 만들어 가다 보면 누구의 발상이었는지도 잊어버리곤 합니다. 말하자면 우리 모두가 아이디어를 낳은 부모인 셈입니다.

대부분의 작가가 내성적이거나 내향적인 것은 우연이 아닙니다. 그렇다고 해서 완전히 외향적인 사람이 책을 쓸 수 없는 것도 아닙니다. 다만 실제로 앉아서 글을 쓰는 에너지와 그 에너지를 끌어내는 요인 사이에 균형을 맞추기만 하면 됩니다. 제가 효과를 본 몇 가지 팁을 소개합니다.

먼저 책임감이 필요한 챌린지에 참여하세요. 저는 간단하지만 효과적인 5일 챌린지를 통해 글쓰기를 시작했고, 저도 다른 사람들을 위해 정기적으로 '기획서 쓰기

10일 챌린지'를 운영하고 있습니다.

말하기에 도전해 보세요. 방에 혼자 있을 때 걸어 다니면서 어떤 책을 쓰고 싶은지 목소리를 내어 말해 보세요. 제 고객 중에는 직접 말로 설명한 것을 녹음하는 식으로 글을 쓰는 사람들이 있는데, 그래야 생각이 잘 떠오른다고 합니다. 이런 식으로 하면 전체적으로 구어체 형식의 책으로 완성되기 때문에 직접적이고 친근한 느낌을 살릴 수 있습니다. 당신이 원하는 독자의 이미지를 벽에 붙여 놓고 그와 직접 대화하듯이 말을 해 본다면 훨씬 더 낫겠죠?

다른 사람과 함께 써 보세요. 다른 사람과 같은 공간에서 함께 글을 써 보세요. 저는 '글 쓰는 날'을 정해 한 공간에서 『범상치 않은 비즈니스 북클럽』 회원들과 함께 아무런 대화를 하지 않고 글쓰기를 진행했습니다. 그 결과물이 바로 이 책이죠. 초고를 완성할 때까지는 집에서 썼는데 그때도 원고 마감에 쫓기는 친구와 함께였습니다. 틈틈이 같이 밥을 먹고 같이 조깅도 하면서요. 동료 작가들과 같이 작업할 수 없을 때는 도서관이나 커피숍으로 향했습니다. 외출할 수 없을 때(아이들이 잠들어 있는 이른 아침에 글을 쓰는 경우)에는 같은 시간에 다른 작가들도 자기 집에서 글을 쓰고 있다는 사실을 확인하는 것만으로도 힘을 얻었습니다. 직접 만나진 못하지만 이메일로 글쓰기를 시작한 시간과 마무리한 시간을 서로 알리는 식으로 응원하는 것이죠.

모든 아이디어와 깨달음을 기록해 두세요. 머릿속으로 항상 책의 주제를 떠올리면서 일상생활 속에서 사람들과 교류하다가 문득 떠오르는 것이 있으면 무엇이든 기록해 보세요. 기록하는 방법은 따로 없으니 자기에게 편한 방식으로 하면 됩니다. (개인적으로는 '에버노트' 프로그램이 좋았습니다.) 저는 흥미로운 대화를 나눈 뒤에는 음성 메모를 남기곤 합니다. 이렇듯 머릿속이 막막한 상태에서 글쓰기에 접근하지 말고 메모가 차곡차곡 쌓여서 글로 옮겨야 하는 순간에 불을 당길 수 있도록 뜨거운 숯을 쌓아 두세요.

외향성을 활용하세요. 사람들을 인터뷰하고, 당신이 진행하는 행사에 초대하고, 다른 사람의 작업을 잘 살펴보고 나서 글을 쓰세요. 저는 이 책을 공개 집필하기로 결정할 때 많은 저자와 전문가로부터 조언과 피드백을 받았고, 매주 『범상치 않은 비즈니스 북클럽』 팟캐스트에서 진행 상황을 공유했습니다. 내성적인 친구들은 글쓰기 과정을 공개하느니 포기하겠다고 말하지만 저에게는 아주 효과적이었습니다. 찰스 디킨스는 강연, 여행, 연재, 아마추어 드라마, 동료 작가와의 긴 산책, 팬들과의 서신 교환 등 자신의 모든 활동이 글쓰기의 에너지가 된다는 사실을 잘 알고 있었습니다. 다른 사람들이 미친 짓이라 하든 말든 자신에게 맞는 방법이 무엇인지 찾아야 합니다.

오늘날 외향적인 작가는 디킨스가 추구했던 방법들을 손쉽게 사용할 수 있습니다. 『범상치 않은 비즈니스 북클럽』 페이스북 그룹이나 다른 온라인 글쓰기 커뮤니티에 가입하고, 논픽션 쓰기 커뮤니티에 참여하고, 프로라이피코와 같은 생산성 앱을 사용하고, 트위터를 통해 진행 상황을 공유하고, 글을 쓰다가 서재에 앉아 페이스북 라이브를 하는 등 자신에게 적합한 방법을 찾아보세요.

마지막으로, 저처럼 외향과 내향의 경계를 적절히 넘나드는 외향인도 마음 깊은 곳에 내성적인 면을 간직하고 있습니다. 자신 안의 내향성과 친해지세요. 저는 홀로 달리기를 합니다. 산소와 엔도르핀, 바깥 풍경을 보며 얻는 자극과 다리가 무의식적으로 움직이며 만드는 리듬이 내 안을 들여다보게 하고, 내면의 창조적 힘을 끌어올려 줍니다. 이 기분을 느끼곤 난 뒤로는 음악을 듣기보다는 혼자 달리기를 좋아하게 되었습니다. 모닝페이지 또한 내면을 들여

다보고 예상치 못한 깨달음을 찾게 해 줍니다.

물론 실제로 책을 쓰기만 하면 책이 출판된 다음에 창의성을 발휘해야 하는 홍보 단계에서 외향인의 진가를 발휘할 수 있다는 사실은 큰 장점입니다. 오늘날 출판계에서는 소셜미디어 공간에서 홍보하는 일의 비중이 매우 높습니다. 글쓰기 단계에서 어려움을 겪을 때마다 기억하세요. 당신의 시간이 곧 옵니다.

내향인을 위한 조언

외향적인 제가 이 주제를 다루기에 부족하다는 판단 아래 『범상치 않은 비즈니스 북클럽』 그룹의 몇몇 친구에게 도움을 요청한 결과 많은 팁을 얻었습니다. 벡 에반스가 묘사한 내향적인 사람이 글을 쓰는 과정은 너무 아름다워서 읽자마자 성격 이식 수술을 받고 싶다는 충동을 느꼈답니다.

저는 조용한 곳에서 혼자 책상에 앉아 글 쓰는 시간을 정말 좋아합니다. 머릿속에 아이디어를 떠올리고, 그 아이디어가 먼저 제 안에서 구체화되고 페이지로 옮겨 가는 장면을 지켜보는 순간도 정말 황홀합니다. 사람들과 이야기하는 것도 좋고 협업도 효율적이라고 생각하지만, 저는 먼저 제 아이디어에 대한 감각을 얻어야 합니다. 저는 소음, 방해, 산만함이 싫습니다.

수다는 저에게 활력을 주는 요소지만 대부분의 내향인은 수다를 피곤하게 여깁니다. 블로그 전문가 사라 애로는 "사람들과 이야기하고 싶었다면 글쓰기를 시작하지 않았을 것"이라고 고백하기도 했습니다.

외향인이 대화를 통해 자기 생각을 말하고 다른 사람의 에너지를 받아 아이디어를 떠올리고 확장해 나간다면, 내향인은 대화를 통해 흥미로운 정보를 얻은 뒤 혼자 생각하는 시간을 가진 뒤 조용히 글을 쓰기를 선호합니다. 어떤 내향인은 자신이 주목받고 있을 때는 말이 잘 안 나온다고 합니다. 『생산성 높이는 방법』How to be Really Productive의 저자 그레이스 마셜은 대화를 통제할 수 있는 비결을 터득했습니다. "저는 사람들에게 질문을 되돌립니다. '그래서, 어떤 분이라고요? 무슨 일을 한다고 하셨죠?'"

당신이 내향인이라면 글 쓰는 일 자체는 수월할 겁니다. 하지만 그다음 단계로 넘어가 플랫폼을 구축하고 책을 홍보해야 할 때는 어려움이 따르겠죠. 그렇다면 온라인에서 다른 사람들과 조심스럽게 교류를 시작해 보세요. 내 책을 알아보고 관심을 갖는 사람들과 관계망을 차근차근 만들어 간다면 그 일이 어렵게만 느껴지지는 않을 겁니다.

2부

본격 책 쓰기

2부에서는 전문성 있고 내실 있는 책을 쓰기 위한 기술을 살펴보겠습니다. 자기 분야에서 전문가라고 해서 반드시 전문 작가가 되어야 할 이유는 없지만, 출판 전문가의 조언을 참고한다면 자신의 책을 더 빨리, 더 뛰어나게, 더 재미있게 쓸 수 있습니다.

책 전체의 기반이 되는 내용을 명확하게 정리하는 작업을 비롯해 글쓰기의 기본 원칙과 성공한 작가들이 들려주는 고급 팁까지 다룰 예정입니다. 마지막에는 더 장기적인 사업의 관점에서 활용할 수 있는 몇 가지 아이디어도 소개하겠습니다. 이미 알고 있겠지만 글쓰기는 개인적으로나 사업적으로나 꽤 유용한 도구니까요. 글을 쓰는 매 순간 몰입하여 모든 여정을 즐기세요. 출간한 후에도 글쓰기 작업을 운동이나 명상처럼 규칙적인 루틴으로 당신의 삶에 들여놓으면 어떨까요?

1장
명확하게 정리하는 법

빈 화면에 글자를 입력하기 전에 할 일이 있습니다. 책으로 무엇을 말할 것인지 자신의 메시지를 전달하려면 먼저 어떻게 구성해야 할지를 생각해야 합니다. 이 장에서 '번개를 잡아서 병에 담는 기술'을 찾아볼까요? 마술은 아니고요, 그냥 그런 느낌으로 상상해 주세요.

그림으로 그리기

글쓰기 이야기를 시작하면서 그림 이야기를 꺼내는 게 좀 엉뚱해 보이나요? 비즈니스 작가는 아이디어를 다루기 때문에 추상적인 아이디어를 전달하려면 자신이 먼저 그 아이디어를 완전히 이해해야 합니다. 생각보다 어려운 일이죠.

글쓰기도 훌륭한 생각 도구지만, 그림은 말하고자 하는 바를 훨씬 더 근본적으로 파악할 수 있는 도구입니다. 제가 만나 본 사람 중 가장 똑똑하다고 생각하는 한 선배는 "쉰이 되어서야 문제를 그림으로 표현하면 해결하는 데 걸리는 시간을 반으로 줄일 수 있다는 사실을 깨달았다"고 말했죠.

아이디어를 시각화하면 자신이 말하고자 하는 핵심을 명확히 파악하고 생각들이 어떻게 맞물리고 흘러가는지를 전체적으로 살필 수 있습니다. 또한 독자에게도 두 가지 이점이 있죠. 학구적인 기업가이자 미래학자인 헤더 맥고완은 처음 아이디어가 떠올랐을 때부터 이 인지적 기법을 광범위하게 활용했습니다.

보통 저는 글부터 쓰지 않아요. 먼저 다양한 그림을 그리죠. 말로 설명하지 않아도 사람들이 쉽게 이해할 수 있도록 한 페이지 안에 도형과 틀을 활용하는 방법을 찾습니다. 대개는 머릿속에서 구성된 이야기를 전달하기 위한 일련의 뼈대를 세운 다음 글을 쓰기 시작합니다.

요즘도 저는 중요한 생각이 떠오를 때마다 손에 잡히는 대로 종이 한 장을 꺼냅니다. 보다시피 저는 피카소가 아닙니다. 다행히 당신도 피카소가 될 필요는 없죠. 하지만 헤더는 자신의 생각을 텍스트뿐 아니라 보기 좋은 그래픽을 더해서 시각적으로 독자들의 이해를 돕습니다. 이런 방식을 활용할 수 있는 저자는 독자의 집중과 이해를 요하는 부분에서 큰 장점을 지닙니다.

텍스트를 볼 때 우리는 그 텍스트를 시각적인 기호로 전환해 머릿속에 저장합니다. 같은 정보라도 그림은 텍스트에 비해 3만 배까지 빨리 이해할 수 있습니다. 따라서 블로그나 책에 시각적 요소가 들어가 있으면 텍스트만 읽을 때보다 훨씬 더 쉽게, 더 잘 이해할 수 있습니다. 정보를 시각적 요소로 잘게 부수어 색다른 방식으로 처리하기 때문입니다.

실제로 우리는 싸움을 하고 있습니다. 우리를 잠시도 가만두지 않는 엄청난 양(마틴 힐버트 박사에 따르면 2011년 기준 하루에 174개의 신문과 맞먹는)의 정보가 쏟아지는 환경에서 복잡한 아이디어를 전달하는 지름길이 있다면 사람들의 관심을 끌어 모으는 경쟁에서 우위를 점할 수 있겠죠.

차별화된 지식재산권(IP) 만들기

'이 책 사용법' 장에서 소개한 책 쓰기에 관한 '성장 나선' 모델은 제 아이디어를 구체화해서 독창적으로 만든 것입니다. 앞으로 누군가 이 모델을 사용하려면 저의 사용 허락을 받아야 합니다. 아이디어에 대한 저작권은 없지만 그 아이디어를 표현하는 방식에 대한 저작권은 자동적으로 제게 귀속되니까요.

　당신도 독창적이고 고유한 지적 재산 모델을 만들어야 합니다. 당신의 전문 분야가 무엇이든 간에 많은 사람은 그 분야에서 일반적으로 통용되는 용어를 사용하게 마련입니다. 당신의 아이디어를 독특하고 기억에 남게 구체화해서 해당 분야의 한 특성으로 만들면 어떨까요? 어쩌면 책뿐만 아니라 사업 전체에 도움이 될지도 모릅니다. 지적 재산은 창고에 있는 재고만큼이나 중요한 자산이며 책은 이러한 권리를 주장하고 보호할 수 있는 훌륭한 방법입니다.

　『범상치 않은 비즈니스 북클럽』의 몇몇 회원 사례를 소개하겠습니다. 그레이엄 올콧은 자신의 생산성 방법론을 설명하면서 'CORD'Capture and Collect, Organize, Review and Do(포착과 수집, 구성, 검토와 실행)라는 약어를 개발했습니다. 이 용어는 그가 쓴 책의 구조적 핵심이면서 자신이 운영하는 워크숍과도 매우 밀접하게 연결됩니다. 켈리 피에트란젤리는 직접 개발한 '프로젝트 미'라는 생산성과 일상의 균형을 돕는 프로그램을 기반으로 책을 썼고, 그 안에 자신과 친구들을 위해 만든 라이프 휠°이라는 개념을 소개했습니다. 니콜라스 로벨은 무료 콘텐츠가 참여를 끌어내고 참여가 결국은 매출로 이어진다는 사실을 경험한 후 이 원칙에 이름과 형태를 부여했습니다. 그것이 바로 '커브'입니다.

○ life wheel. 균형 잡힌 삶이라는 뜻으로 쓰인다.

기획서로 시작하기

일반적으로 기획서는 에이전시나 출판사에 보내는 문서입니다. 어떤 내용이 담긴 책인지, 누구를 위한 책인지, 독자들이 이 책에 관심을 가질 만한 점은 무엇인지를 소개하는 것이죠. 한마디로, 출판사가 당신의 기획에 투자하도록 설득하는 과정입니다.

저자로서 당신이 괜찮은 파트너라고 생각하나요? 마감 기한을 어기지 않고 좋은 콘텐츠를 제공할 수 있나요? 마케팅과 판매에 도움이 될 만한 자산을 가지고 있나요? 현재 당신이 저자로 잘 알려져 있지 않다면, 또 온라인과 오프라인의 해당 분야에서 주도적인 활동을 하고 있지 않다면 출판사는 당신의 영향력을 낮게 평가할 것입니다.

출판사에게 의뢰하지 않고 직접 출판하기로 했더라도 기획서 쓰기는 여러 장점이 있습니다. 우선 글의 주제를 명확하게 정리할 수 있습니다. 자신이 기획했으니 이미 잘 알고 있다고 생각하겠지만 사람들이 가장 어려워하는 일입니다. '제안서 및 시놉시스로 아이디어를 표현하는 훈련'을 해 보면 불필요한 요소를 제거하고 메시지의 핵심을 파악하는 실력을 키울 수 있습니다. 이때 작성한 기획서는 앞으로 진행할 모든 마케팅의 중요한 토대가 됩니다.

기획서는 이 책이 정확히 누구를 위한 책인지 확인할 수 있는 기회이기도 합니다. 당신의 타깃 독자는 누구인가요? 그들은 이 책이 자기에게 필요하다는 것을 어떻게 인식할 수 있을까요? 누구를 대상으로 글을 쓰는지 명확히 정하고 나면 적절한 범위와 알맞은 문체 및 구성을 결정하기가 훨씬 쉬워집니다.

기획서 안에는 마케팅에 대한 고민도 포함되어야 합니다. 책을 마케팅하는 방법에 따라 결과적으로 책을 쓰는 방식과 도움을 받아야 할 사람이 결정되기 때문입니다.

마지막으로, 저자가 냉정하게 직시해야 할 가장 어려운 요소는 '경쟁'입니다. 이미 시중에 나와 있는 많은 책 중에서 왜 당신의 책을 읽어야 하는지 스스로 물어보세요. 기획서를 쓰면서 이 질문에 대한 답을 고민하다 보면 훌륭한 차별점을 찾을 수 있을 겁니다. 책은 식기세척기와는 다른 방식으로 경쟁합니다. 즉 대부분의 독자는 어떤 책이 자신이 원하는 주제를 다루고 있는지 충분히 비교해 보고 구매하기가 어렵습니다. 그러니 독특한 접근 방식이나 자신만의 관점을 찾아보세요. 아무리 경쟁이 치열한 분야라도 현명하게 포지셔닝한다면 경쟁은 피해야 할 요소가 아니라 독자로부터 건강한 관심을 받고 있다는 신호가 될 수 있습니다.

기획서를 작성해야 하는 구체적인 이유는 훨씬 많지만, 다음과 같이 요약할 수 있습니다. 벽돌 더미를 바라보면서 벽돌로 무엇을 만들까 고민하는 대신 건물을 어떻게 지을지 계획을 세우는 것입니다. 완성된 기획서로 무엇을 할지는 당신에게 달려 있습니다. 물론 기본적으로 기획서는 에이전시나 출판사와 전통적인 출판 계약을 맺기 위한 용도지만, 책을 집필할 때 영감을 얻고 계획대로 진행하기 위한 토대 또는 방향을 찾기 위한 북극성으로 활용해도 좋습니다.

명확하고 구체적인 기획서는 비단 저자에게만 좋은 건 아닙니다. 세상에 고민 없이 출판되는 책이 너무 많은 탓에 충실한 기획을 통해 탄생한 책을 만날 수 있다는 것은 독자에게도 매우 반갑고 고마운 일입니다.

딱 맞는 제목 짓기

제목은 가장 먼저 독자를 사로잡을 최고의 기회라는 점에서 매우 중요합니다. 그래서 많은 작가는 글쓰기에 집중하지 못할 만큼 제목에 집착하곤 합니다. 하지만 글쓰기 초기 단계라면 제목은 중요하지 않을 수 있습니다. 실제로는 글을 쓰는 과정에서 방향이 바뀌기도 하고, 내용을 미리 검토한 사람에게서 완벽한 피드백을 받으면 출간 직전에 갑자기 제목이 바뀌기도 하니까요. 따라서 글을 쓰는 과정에서 제목은 크게 신경 쓸 필요가 없으며, 가제라도 괜찮습니다.

논픽션 책에는 일반적으로 제목과 부제목을 붙입니다. 제목은 흥미 유발과 관심을 끌어당기는 역할을 하고, 부제목은 제목을 보충 설명하고, 사람들이 책을 잘 찾을 수 있게 돕는 역할을 합니다.

먼저 부제목은 책이 어떤 내용을 다루고 있는지를 독자에게 정확히 전달하는 역할을 합니다. 그러므로 이 책에 담긴 내용을 원하는 사람이 검색 엔진에 어떤 키워드를 넣을지 예상해 보는 것도 좋겠죠. 즉 핵심 키워드를 부제목에 포함해 검색 엔진에서 책이 잘 검색되도록 최적화한다고 보면 됩니다.

다음으로 제목 짓기에 대해 말하자면, '아무런 규칙이 없다'는 게 규칙입니다. 농담이 아니라 진담이에요.

지금은 고전적인 제목으로 여겨지는 제목도 책이 처음 출간될 때 편집 회의에서는 그 제목에 반대한 사람이 분명히 한 명은 있었을 거라 장담합니다. 훌륭한 제목에 대한 유일한 기준은 타깃 독자를 사로잡을 수 있는가입니다. 타깃 독자 외의 다른 사람의 마음에 들 필요는 없습니다. 심지어 저자 마음에 들 필요도 없습니다. 제목이 내 마음엔 들지만 타깃 독자에게 별 의미가 없다면 무슨 소용이겠어요? 따라서 제목을 결정했다 해도 고민을 끝내지 말고 시간을 할애해서 다시 고민해 보세요. 그런 후에도 그 제목이 가장 낫다는 결론에 도달할 수도 있지만 가끔은 완전히 다른 제목이 탄생하기도 합니다.

어떻게 하면 좋은 제목을 지을 수 있을까요? 먼저 글의 문체와 자신의 성격, 브랜드 및 책 자체의 작성 방식에 어울리는 표현을 떠올려 보세요. 권위 있는, 논란을 일으키는, 기발한, 사업가적인, 신비로운, 친근한, 엣지 있는······ 책의 성격을 제대로 설명하면서 당신의 마음에 드는 몇몇 단어를 찾아보세요.

은유적 표현을 동원하는 방법도 있습니다. 물론 제목에 딱 맞는 은유적 표현을 찾기는 쉽지 않습니다. 독창적이면서도 분명해야 하고, 파악한 책의 성격과도 잘 맞아야 합니다. 게리 베이너척의 『잽, 잽, 잽, 라이트 훅』Jab, Jab, Jab, Right Hook은 책이 취하고 있는 접근 방식을 정확히 드러낼 뿐 아니라 그 은유가 책 전체에 걸쳐 확장됩니다. 이런 방식의 제목을 원한다면 실내에 브레인스토밍 보드를 설치하고 그 옆에 포스트잇을 쌓아 두고 언제든 떠오르는 아이디어를 메모하세요. 그렇게 적어 둔 아이디어를 바탕으로 글을 쓰고 제목으로 적합한지, 책 전체를 아우르기에 적합한지 확인하세요.

좋은 제목을 얻기 위한 몇 가지 접근 방식이 있습니다. 마이클 하얏트는 제목 아이디어를 생성하는 데 유용한 네 가지 틀을 제안했습니다. 그것은 바로 가능성Promise, 호기심Intrigue, 필요Need, 내용Content입니다.

가능성을 활용한 좋은 제목 사례로는 데일 카네기의 『친구를 얻고 사람들을 움직이는 카네기 인간관계론』, 조 윅스의 『15분에 달렸다』Lean in 15, 팀 페리스의 『나는 4시간만 일한다』가 있습니다. 이런 제목들은 기본적으로 이 책을 읽으면 미래가 어떻게 바뀔지 알 수 있다는 메시지를 제시하기 때문에 최대한 인상적이어야 합니다. (사람들의 마음속을 깊게 파고들 수 있도록 운율이 있거나 발음이 재 밌는 제목도 좋겠죠.)

호기심을 활용한 사례로는 게리 켈러의 『원씽』과 같 이 독자가 추리할 여지가 있는 제목을 들 수 있습니다. 마이클 거버의 『사업의 철학』도 좋은 예입니다. "원제 'E-Myth'에서 E는 도대체 무슨 의미인가요?"라는 질문에 거버는 부제목에 정답이 담겨 있다고 했습니다. 이렇듯 책 의 부제목은 제목의 '번역'입니다.

가장 단순하면서도 믿음이 가는 제목은 필요성을 강 조하는 유형입니다. 내 책이 어떤 필요를 충족할 수 있는지 를 드러내는 것이죠. 이런 제목에는 '방법'How으로 시작하 는 제목이 많습니다. 예를 들어 팀 키친의 『구글에서 최상 위권에 오르는 방법』How to Get to the Top of Google과 같은 책이 그렇습니다.

책 내용을 설명하는 제목 유형도 있습니다. 로빈 웨이 트의 『온라인 비즈니스 스타트업』Online Business Startup과 웨스 린덴의 『79가지 네트워크 마케팅 팁』79 Network Marketing Tips 등이 있겠네요.

다른 모든 분야와 마찬가지로 제목에도 트렌드가 있

습니다. 개인적으로 제가 좋아하지만 그리 오래 유행할 것 같지 않은 트렌드는 한 단어로 된 제목입니다. 『아웃라이어』, 『블링크』 등을 쓴 말콤 글래드웰은 이 분야의 대가입니다. 이런 제목은 섬네일에서는 멋지게 보이지만 '.com' URL을 소유할 수 없을 가능성이 높으며, 책 내용과 주요 설명을 부제목에 모두 담아야겠죠. 두 가지 개념을 결합한 복합적인 표현의 제목이라면 '짧고 기억에 남으면서도 독보적'이라는 세 가지 장점을 얻을 수 있습니다. 물론 매우 어려운 일이죠. 이 장르의 대표적인 예는 당연히 스티븐 레빗과 스티븐 더브너의 『괴짜경제학』입니다.

마지막으로 제목을 선택할 때 지켜야 할 안전 장치가 있습니다.

먼저 길이를 확인하세요. 사람들은 대부분 표지를 처음 볼 때 이미지부터 인식합니다. 그래서 섬네일로 봤을 때 3분의1 이상의 면적에 제목을 넣어야 편안하게 읽을 수 있습니다. 길이가 너무 길면 이미지를 넣을 공간이 없으니 디자인 시안을 확인하세요. 제목이 한 단어라도 너무 긴 경우 글자를 작게 줄이면 눈에 띄지 않을 수 있습니다. 제목은 긴 것보다는 짧은 것이 낫습니다.

중복 가능성도 확인해야 합니다. 제목은 상표가 아니

므로 다른 책과 동일한 제목을 붙여도 불법은 아니지만, 혼동을 일으키려는 의도가 드러날 경우에는 법적인 문제가 발생할 수 있습니다. 그리고 굳이 그렇게 할 필요가 있을까요? 헷갈리는 제목은 독자를 짜증 나게 할 뿐입니다. 미리 검색해 보고 제목이 다른 책과 비슷하다면 어떻게 차별화할 수 있을지 생각해 보세요.

간결하게 요약하기

어느 문학 에이전트는 "자신의 책을 두 문장으로 설명할 수 없다면 문제가 있는 것이다"라고 말했습니다. 책의 핵심을 요약할 수 없다면 책의 방향이 명확하지 않다는 뜻이므로 책을 판매하기 어려울 뿐 아니라 책을 쓰는 과정에서도 갈피를 잡기 어렵다는 뜻입니다.

사실 간결하게 요약하기란 쉽지 않습니다. (블레즈 파스칼이 그 증인입니다. 그는 '이 편지를 짧게 쓰고 싶었지만 그럴 시간이 없어서 길게 써 보낸다'라고 썼죠.○) 그러니 처음부터 단숨에 요약하려 하지 말고 세 단락을 넘지 않게 개요를 써 보세요. 첫 번째 문단에서는 이 책이 어떤 내용을 담고 있으며 누구에게 어떤 도움을 주려 하는지에 초점을 맞추세요. 두 번째 문단에서는 책의 기능을 설명하고, 세 번째 문단에서는 당신이 이 책을 쓰기에 적합한 사람인 이유와 독자의 관심을 끌 만한 고유한 특징을 설명하세요. 요컨대 기본적으로 이 세 가지 질문에 답할 수 있어야 합니다. '대체 뭔데?', '그래서 어쩌라고?', '누가 보라고?'

이 방식이 어렵게 느껴진다면 한 걸음 뒤로 물러나서

○ '인간은 생각하는 갈대다'라는 명언을 남긴 근대 프랑스의 수학자 블레즈 파스칼이 남긴 또 다른 명언이다.

스스로 책을 명확히 파악할 수 있도록 최대한 자세하게 설명하세요. 그 내용을 꼼꼼히 읽어 보면서 정말 중요하다고 생각하는 부분을 표시하세요. 그런 다음 그 내용을 중심으로 간결하게 다시 작성하세요.

며칠 후 마지막으로 핵심을 제외한 뺄 수 있는 모든 부분은 덜어내세요. 그렇게 계속 줄여 세 단락으로 요약한 다음, 마지막으로 낭비되는 단어 하나 없는 두 문장(또는 한 문장)의 핵심 문장을 만드세요. 감을 잡고 싶다면 온라인 서점에서 해당 분야의 베스트셀러 도서의 소개 글을 참고하는 것도 도움이 됩니다.

간결하게 요약하는 일은 정말 어렵습니다. 그래도 일단 완성하고 나면 뿌듯함을 느낄 거예요.

분량 정하기

책의 분량을 왜 미리 정해야 할까요? 쓸 수 있는 만큼 계속 쓰다가 끝내고 싶을 때 끝내면 안 될까요? 하지만 분량을 정하지 않으면 책을 영영 끝내지 못할 수 있습니다. 목표를 정하지 않고 계속 쓴다면 언제 완성하겠어요? 만약 400쪽 이상의 책을 쓴다면 제작비 부담이 너무 커서 책 가격을 비싸게 책정하거나 홍보용 증정 부수를 제한해야 할 수도 있습니다. 전체 분량을 정한 다음 주제별로 세분화하면 각 부와 장을 균형 있게 구성할 수 있습니다. 그럼 당신의 책에 적합한 분량은 어떻게 정해야 할까요?

저는 항상 서점에 가서 사람들이 책을 사거나 다시 내려놓는 모습을 지켜봅니다. 당신에게도 저와 같이 해 보라고 권하고 싶어요. 사람들은 책을 손에 들고 무게를 가늠해 보고 처음 몇 페이지를 훑어보고는 표지를 바라봅니다. 그 표정에서 저는 '이걸 다 읽을 시간이 없을 것 같은데'라고 생각하는 걸 알 수 있습니다. 그래서 저는 이렇게 생각합니다. "좋아, 그럼 어떻게 해야 사람들이 책을 끝까지 읽을 수 있고 아무 페이지나 펼쳐도 흥미롭고 유용한, 영감을 주거나 바로 실행할 수 있는 글을 발견하게 할 수 있을까?"

우리는 모두 바쁩니다. 당신도 바쁘죠? 당신의 독자들도 모두 바쁘다는 점을 기억하세요. 제가 이 책을 짧은 절로 구성해서 여러 번 훑어볼 수 있게 만든 이유입니다.

책의 구조 짜기

브레인스토밍

저는 항상 작가들에게 글을 쓰기 전에 책의 구조를 짜고 기획서를 단단하게 만들라고 말합니다. 제 말에 귀 기울이는 것 같진 않지만 그래도 계속 말할 겁니다. 방에 페인트칠을 한다고 생각해 보세요. 칠하기 어려운 구석에는 마스킹테이프를 붙이고 가구를 다 옮기고 덮개를 덮어서 다른 물건에 묻지 않게 한 다음에 페인트칠을 해야 효율적이겠죠? 많은 사람들이 책을 쓸 때 어려움을 겪는 이유는 일단 쓰고 보자는 식으로 무작정 쓰기 때문입니다. 생각이 벽에 막히고 나서야 비로소 깨닫죠. '구조가 이상해. 제대로 계획을 했어야 하는데, 다시 시작해야겠어. 여기서 탈출하는 것보다 처음부터 다시 시작하는 게 낫겠어.'

– 매트 왓킨슨(작가)

『범상치 않은 비즈니스 북클럽』에 출연한 저자들의 공통적인 조언이 바로 책의 구조를 짜야 한다는 것입니다. 이질적인 아이디어들을 잘 정렬하여 일사불란하게 연결할 때, 즉 주장과 근거의 조각이 제자리에 배치되어 드러내고자 하는 결론으로 물 흐르듯이 흘러갈 때, 각 장의 균형을 적절히 안배하여 독자가 지금 책의 어디쯤 와 있는지 자연스럽게 알아챌 수 있도록 명확하고 일관성 있는 이정표를 제시할 수 있을 때, 모든 요소가 조화롭게 어우러진 책이 탄생합니다. 당연한 말이지만 이런 일은 우연히 이루어지지 않죠. 발산하는 사고와 수렴하는 사고의 세심한 조화와 약간의 규율이 필요합니다.

어디서부터 시작해야 할까요? 발산하는 사고 단계에서는 자유 형식의 마인드맵을 그려 보세요. 일단 좋은 아이디어가 떠오를 때마다 포스트잇에 적어 벽에 붙이는 겁니다. (돌아서면 잊어버릴 암호 방식은 금물입니다.) 벽에 붙여 놓고 딴 생각을 해도 괜찮은 활동(달리기, 샤워, 청소 등)을 할 때마다 계속 머릿속으로 떠올려 보세요. (애거서 크리스티는 책을 구상하기 가장 좋은 시간은 설거지할 때라고 했습니다.)

조급하게 마무리 지으려고 하지 마세요. 마음을 열고 여러 가능성을 받아들이면서 계속 아이디어를 떠올리고, 아이디어가 더 많은 새로운 아이디어로 뻗어 나가도록 두세요. 일주일 동안 이 광범위한 탐색 과정을 보낼 수 있다면 더할 나위 없이 좋습니다.

더 이상 떠오르는 아이디어가 없다면 이제 수렴의 사고를 시작할 때입니다. 한 발 물러서서 자신이 꺼낸 아이디어를 오랫동안 자세히 살펴보세요. 포스트잇을 이리저리 옮기면서 관련된 개념끼리 묶어 보세요(이 순간, 그냥 종이 한 장에 다 쓰지 않은 것을 천만다행으로 여길 겁니다.) 이렇게 구분한 그룹이 장 또는 절 단위가 되고, 자연스럽게 순서가 잡히면서 앞뒤를 연결하는 논리가 윤곽을 드러냅니다. 개중에는 책에 어울리지 않는 예외 사례나 아이디어도 있을 텐데 그냥 버리지 말고 '보류'로 분류해 두세요. 나중에 블로그 게시물, 마케팅 이벤트, 인터뷰나 다음 책에서 활용할 기회가 있을 거예요.

책에 어떤 내용을 담을지, 어떻게 구성할지 대략의 윤곽을 잡았다면 다음 단계로 넘어가서 목차를 만듭시다.

골격 구축하기

책의 구조에 대한 큰 그림을 그렸다면 이제 골격을 구축할 차례입니다.

저는 편집자로 일할 때 저자가 편집 과정에 적극적으로 참여하는 참고서 종류의 책을 자주 담당했습니다. 이런 책은 집필에 들어가기 전에 구조를 세심하게 짜야 하기 때문에 책에서 다루고자 하는 거시적 범주를 정하기 위해 여러 편집자가 참여해 오래 논의했습니다. 그런 다음 책의 전체적인 균형과 각 파트의 분량을 정하는 작업이 이루어지죠. 분량을 일괄적으로 같은 비율로 적용하는 게 아니라 상위 수준의 중요하고 복잡한 내용에 필요한 분량을 우선 배분하고 나머지 파트는 조금 적게 배분하는 식으로 균형을 맞췄습니다. 예를 들어 달리기에 관한 책을 만들기로 결정했다면 기술, 준비물, 영양학, 부상 예방책, 훈련 계획 등의 장으로 구성할 수 있겠죠. 그런 다음 각 장에 동일한 가중치를 부여해 분량을 배분하되, 기술에 관한 설명이 너무 많거나 복잡하다면 다른 부분의 분량을 줄여서 보완하면 됩니다.

각 장에는 절을 비롯한 하위 항목들, 예를 들어 영양학 장에서는 수분 보충, 달리기 전과 후 또는 달리기 중의 영양 공급, 일반 식단에 관한 내용을 하위 갈래로 구성합니다. 이 장에 할당된 분량이 60쪽이고 각 소제목에 분량을 균등하게 나눈다면 수분 보충에 대한 내용은 12쪽을 써야 한다는 계산이 나오겠죠.

통제 강박증 같다고요? 그렇게 느낄 수도 있겠죠. 하

지만 이런 식으로 시작해야 각 장에서 무엇을 다뤄야 할지, 분량은 어느 정도인지 가늠할 수 있기 때문에 글을 쓰면서 길을 잃을 가능성이 훨씬 줄어듭니다. 책이 두꺼울수록, 주제가 복잡할수록, 글쓰기에 참여하는 사람이 많을수록 '계층 구조'를 사용하는 쪽이 유리합니다.

또한 분량에 차질이 생기면 다시 배분해야 하기 때문에 되도록 빠른 판단이 필요합니다. 혹시라도 현재 구조에 분량 두 권이 담겨 있거나 심지어 전체 시리즈가 압축된 것이라면 문제가 심각해지겠죠.

특히 사례 연구와 같은 구조적 요소를 식별하고 일관된 형식(예: 제목, 요약, 서술, 요점)을 설정할 때도 이런 접근이 유용합니다. 일관성 있는 책은 독자로 하여금 무엇을 기대할 수 있는지, 어디에서 핵심 정보를 찾을 수 있는지 바로 파악하게 합니다. 또한 독자를 혼란스럽게 하거나 짜증 나게 하는 중복 정보를 합리적인 이유 없이 형식만 바꿔서 반복하지 않게 방지하기도 합니다.

작업용 목차 짜기

책의 구조를 알맞게 정돈해야 콘텐츠를 소개하는 페이지도 잘 만들 수 있습니다. 특히 온라인서점 '미리보기'에서는 목차가 가장 앞쪽에 드러나므로 독자들의 구매를 결정하는 가장 강력한 요소이기도 합니다.

목차가 명확하고 체계적이며 일관성 있게 정리되어 있으면 책 자체도 명확하고 잘 정리되었다는 인상을 주기 때문에 자연스럽게 신뢰도가 올라갑니다. 장 제목이 너무 길면 독자는 내용을 제대로 이해할 수 있을까 의구심이 들 수 있고, 안타깝게도 독서에 대한 의욕까지 잃을 수도 있습니다. 따라서 목차는 구조를 반영해야 하지만 의미가 잘 전달되어야 하며 개성까지 드러나게 구성하는 게 가장 좋습니다. 각 장 제목이 명확할수록 독자는 콘텐츠의 가치를 잘 파악할 수 있으며, 이 판단을 바탕으로 책의 전체를 미리 맛본다고 할 수 있습니다.

하지만 독자를 위한 목차를 짜기 전에 먼저 저자를 위한 작업용 목차를 만들면 구조를 더욱 탄탄하게 만들 수 있습니다. 작업용 목차란 글을 쓰기 위해 책상 앞에 앉았을 때 무엇을 써야 하는지, 써야 할 내용이 전체의 어디쯤 위치하는지 한눈에 알 수 있게 도와주는 역할을 합니다. 진행 상황을 쉽게 추적하고 기록할 수 있는 좋은 방법이기도 하고요.

작업용 목차는 책에 실리는 목차보다 더 세분화된 소제목(어떤 내용을 어떤 순서로 다룰지 보여 주는 글머리 기호까지)까지 포함하기 때문에 글을 쓰면서 잘 진행되고 있는지 수시로 확인할 수 있습니다.

작업용 목차를 사용하는 또 다른 유용한 방법은 각 장에서 반복되는 구조적 요소를 설정하는 것입니다. 예를 들어 각 챕터를 인용문이나 특정 문제를 설명하는 이야기로 시작할 수도 있겠죠. 요점을 글머리 기호로 요약하거나 독자가 고려할 수 있는 질문으로 마무리하는 방법도 있고요. 팁이나 도구 또는 참고 자료를 본문 곳곳에 배치하는 방식은 어떤가요? 이러한 내용은 독자가 보는 최종 목차에는 포함되지 않지만, 다른 요소와 어떻게 어울리는지 확인하고 적합한 단어를 사용했는지 확인하는 데 유용합니다.

2장

이제는 쓸 시간

지금까지 찻주전자를 데우는 데 많은 노력을 기울였으니 이제 차를 끓일 차례입니다. 글쓰기에 돌입할 준비를 마쳤다면 이제 어떻게 시작해야 할까요? 글쓰기를 계속 유지하려면 어떻게 해야 할까요? 이 장에서는 자료를 정리하는 데 도움이 되는 방법, 글쓰기 습관을 개발하기 위한 실용적인 조언, 자신에게 맞는 글쓰기 루틴을 설계하는 방법을 자세히 살펴볼 예정입니다.

『해외에서 성공하기』Thriving Abroad의 저자 루이스 와일즈는 책을 쓸 때 연구 자료를 정리하는 단계가 가장 힘들었다고 합니다.

처음 글을 쓸 때는 수첩 이곳저곳에 메모를 하고 출처가 모호한 참고 자료를 사용했어요. 최종 초안이 완성되고서야 다시 전체 내용을 되짚으면서 참고 자료와 링크를 찾아 헤매야 했습니다. 결국 책을 완성하긴 했지만 시간과 좌절감을 줄일 수 있는 다른 방도가 있지 않았을까요?

이와 비슷한 고민을 할 당신을 위해 방대한 자료를 정리하는 다양한 방법을 소개합니다.

연구 자료 정리하기

스크랩북 만들기

스크랩북은 저자가 흥미롭다고 생각한 것들을 모아놓은 노트로, 작가들에게는 가장 오래된 연구 방식이죠. 17세기부터 인기를 끌기 시작했고 18세기에는 스크랩북을 사용하지 않은 작가가 없었죠. 물론 스크랩북은 작가들의 전유물이 아닙니다. 미셸 드 몽테뉴는 자신의 저서에서 마음에 드는 인용문과 아이디어를 수집하기 위해, 린네는 종 분류 체계를 만들기 위해, 심지어 셜록 홈스는 범죄를 해결하기 위해 사용했으니까요.

경험한 것을 기록하거나 일기를 쓰는 것과 달리 스크랩은 오려 내어 수집하는 노트입니다. 즉 스크랩북은 자신의 생각을 통해 나온 결과물이 아니라 날것 그대로의 자료들이죠. 온라인상에 보관하는 것보다 실제 자료를 뒤적이며 작업하는 쪽을 선호한다면 적당한 크기의 수첩에 관찰한 내용, 참고 자료, 날짜를 적어 넣고 링바인더에 보관하세요. 순서를 쉽게 바꿀 수 있어 정리하기 좋은 면도 있지만, 직접 손품을 들여 글을 쓰는 행위는 더 전념하게 하고 강한 기억을 남기죠.

마크 레비는 『범상치 않은 비즈니스 북클럽』에 출연했을 때 책의 출발점으로 '의미와 흥미'의 중요성에 대해 이야기했는데, 관련 없는 요소를 수집한 다음 다시 훑어보고 패턴과 관계를 찾아 새롭고 의미 있는 자료로 만들어 내는 방법입니다. 안타깝게도 이와 같이 호기심을 자극하는 큐레이션을 만들기란 쉬운 일이 아닙니다. 하지만 이를 위한 시스템과 작업 환경을 만들어 두면 좋은 첫걸음을 내딛을 수 있습니다. 갑작스레 황금을 발견할지라도 나에게는 보관할 장소가 있다는 생각으로 글을 써 보세요.

온라인에서 정리하기

앞에서 소개한 단순한 방식이 마음에 들지 않는다면 클라우드 기반의 온라인 도구도 많이 있으니 안심하세요. 온라인의 장점은 당신이 어디에 있든 (인터넷이 연결되어 있다는 가정 아래) 자료에 접근할 수 있다는 점이겠죠. 또한 분실하거나 손상될 염려가 없고, 원하는 만큼 태그를 사용할 수 있으며 원하는 태그를 기준으로 정렬할 수 있고, 언제든지 글을 읽을 수 있으며, 힘들게 펜으로 써 넣을 필요 없이 간단히 자료를 클릭하거나 붙여 넣으면 됩니다. 때로 이런 편리함이 단점이기도 합니다. 손으로 글을 적는 것만큼 강한 기억을 남기지 못해 자료를 적극적으로 활용할 가능성도 낮아지죠. 당신도 자료에 강조 표시를 하거나 책갈피에 추가했다가 다시 찾아보지 않은 경험이 있겠죠?

다음은 『범상치 않은 비즈니스 북클럽』 회원이나 팟캐스트에 출연한 저자들이 추천한 도구입니다.

에버노트. 제가 개인적으로 가장 좋아하는 도구입니다. 이보다 더 간단한 방법은 없을 거예요. 디지털 펜으로 쓰거나 음성을 녹음할 수도 있습니다.

구글 문서 도구/킵. 많은 사람들이 가장 쉽게 사용하며 모두들 추천하는 기본 도구입니다.

트렐로. 작업 관리용으로도 좋지만 켈리 피에트란젤리는 책에 대한 아이디어를 정리하는 데 트렐로를 사용한다고 합니다.

핀터레스트. 웹사이트, 특히 이미지 수집에 유용합니다.

블로그. 비공개 블로그에 자료를 수집합니다(경우에 따라 공개로 사용해도 되고요).

스크리브너. 자료 수집뿐만 아니라 글을 쓸 때도 훌륭한 도구입니다. 목표 대비 진행 상황을 추적할 수 있어서 동기 부여에 좋습니다. 사용법을 배워야 하지만 조금만 익숙해지면 가장 유용한 글쓰기 도구가 될 수도 있습니다.

이런 도구가 내키지 않는다면 굳이 새로운 시스템에 익숙해지려고 애쓰지 않아도 됩니다. 때로는 가장 단순한 도구가 최고의 도구일 수도 있으니까요. 『너무 바쁘다면 잘 못 살고 있는 것이다』의 저자 토니 크랩은 흥미롭게 생각하는 모든 자료를 컴퓨터 폴더에 넣어 정리한다고 합니다.

저는 여행을 많이 다니면서 전자책을 주로 읽는 편이라 종이보다는 디지털로 자료를 저장합니다. 오래전에 '개인 학습'이라는 폴더를 만들고 그 아래에 주제별로 분류했죠. 훌륭한 학술 논문이나 흥미로운 블로그 게시물을 발견하면 이 폴더에 저장해 두었다가 나중에 유용하게 활용했습니다. 책이나 프로젝트 작업을 할 때는 아이디어, 생각, 이야기에 대한 성찰 등 관련성이 있는 모든 것을 모아 놓은 워드 문서에 "이 책 76쪽 참조", "이 TED 강연 확인" 등의 문구를 입력합니다. 그런 다음 책에 쓸 자료 탐색 단계에 들어갔을 때 그 문서를 살펴보고 내용을 심층적으로 정리하는 단계로 넘어갑니다.

글쓰기 습관 만들기

나만의 공간 찾기

그레이엄 올콧은 일에 쫓겨 『생산적인 닌자가 되는 방법』를 완성하지 못할 것 같은 위기감을 느꼈을 때 사업을 다른 사람에게 맡기고 스리랑카 해변에 있는 오두막에 머물면서 한 달 동안 책에만 집중하기로 결심했습니다. 모든 사람이 그와 같이 바닷가 오두막에서 글을 쓸 수는 없겠지만 그레이엄이 "당신의 스리랑카는 한 시간을 보낼 수 있는 카페일 수 있다"고 지적했듯이 중요한 것은 일상적인 업무에서 벗어나 글쓰기에 집중할 수 있는 시간과 공간을 확보하는 것입니다.

저는 책상 앞에서는 글이 잘 안 써집니다. 조용할지는 몰라도 청구서도 처리해야 하고 이메일에 답장도 해야 하고 빨래도 해야 하고…… 소리 없는 방해 요소가 끝없이 이어지니까요. 이 책을 쓴 공간도 대부분 집이 아니었는데, 베이싱스토크 도서관이나 『범상치 않은 비즈니스 북클럽』의 책 쓰기 모임에서, 데본에 있는 친구와 함께 아이를 보면서나 에어비앤비로 빌린 별장에서 혼자 지내며 글을 썼습니다.

　외향적인 저는 주변에 사람이 있어도 글을 쓰는 데 별 지장이 없지만 내향적인 사람이라면 침묵과 고독이 간절할 수 있습니다. 공공 도서관에서도 이런 공간을 찾기가 점점 더 어려워지고 있지만, 대학 근처에 거주한다면 '외부인용 출입증'을 발급받는 것도 고려해 보세요. 대개 대학 도서관 맨 위층은 조용하거든요.

　여력이 된다면 업무용 책상과는 멀리 떨어진 곳에 집필 공간을 꾸려 보세요. 이렇게 구분해 두면 이곳에 앉을 때는 항상 글을 쓴다는 감각을 뇌가 빠르게 받아들여 적응하게 만듭니다.

　나만의 글쓰기 공간을 찾았다면 그곳에 항상 둘 수 있는 물건을 찾아보세요. 다른 장소로 이동할 때에도 가지고 다닐 수 있을 만큼 작고 가벼우면 좋습니다. 멜리사 로모는 책상 위에 작은 개구리 인형을 올려 놓았는데, 여행할 때마다 이 개구리도 동행한다고 합니다.

　제 책상에서 글을 쓸 수 없는 날에는 개구리를 가방에 넣고 다녀요. 새로운 공간에 가더라도 개구리를 꺼내 놓으면 마치 제 책상에 앉아 있다고 스스로에게 신호를 보내는 기분이 들거든요.

기존 습관에 끼워 넣기

우리의 삶은 이미 습관으로 가득 차 있습니다. 양치질을 하려고 의지를 발휘할 필요도 없고 평소에는 양치질에 대한 생각을 전혀 하지 않지만 아침저녁으로 우리는 자동적으로 양치질을 하죠. 이렇게 이미 존재하는 습관의 강력한 힘을 활용해 새로운 글쓰기 습관을 만들어 보면 어떨까요?

행동 과학자 B. J. 포그는 이미 일상의 일부로 자리 잡은 습관부터 시작해 작고 실천 가능한 새로운 습관('작은 습관')을 접목하여 성공의 발판을 마련하라고 말합니다. 직접 자신의 삶에서 이 기법을 활용하기로 한 그는 테드 강연에서 화장실에 갈 때마다 팔굽혀펴기를 하고 있다고 밝혔습니다. 시간이 지날수록 팔굽혀펴기 횟수가 늘어나 마침내 하루에 팔굽혀펴기를 70회나 할 수 있게 되었다고 합니다.

새로운 글쓰기 루틴을 몸에 새기려면 아주 작은 습관부터 고민해 보세요. 예를 들어 아이를 학교에 데려다 준 후 항상 커피를 마시는 습관이 있다면, 커피를 마시면서

5분 동안 글을 쓰거나 글쓰기 계획을 세워 보는 겁니다. 글쓰기를 기존의 습관에 끼워 넣으면 자동으로 수행할 수 있기 때문에 동기 부여라는 가장 큰 장벽을 극복할 수 있습니다. 벅 에반스는 이렇게 말합니다.

미룰 수 없을 정도로 아주 작은 습관을 만드세요. 글쓰기를 시작하고 싶으면 스스로에게 '그냥 메모장에 제목과 두 단어만 적겠어'라고 말하세요. 그런 다음 하루는 그렇게 하고 다음 날에는 '1분만 더 써야지'라고 생각하면 됩니다. 우리는 이를 '생각 없이 쓰기'라고 부르는데, 이런 습관은 하루에 필요한 에너지를 갉아먹지 않으면서 큰 의지력 없이도 수행할 수 있습니다.

연속 달리기

연속 달리기로 가장 유명한 사람은 1964년 12월부터 시작해 2017년 1월까지 54년 39일 동안 하루도 빠짐없이 달리기를 한 론 힐입니다. 78세가 될 때까지 그는 자동차 사고로 갈비뼈를 치료하는 중에도 달렸고, 엄지발가락 근막 수술을 받은 후에는 지팡이를 짚고 달렸으며, 심지어 다리에 깁스를 했을 때도 쉬지 않고 매일 달렸습니다. 전성기 때는 올림픽 국가대표 선수로 출전하기도 했던 론 힐의 최고 기록은 연속 달리기를 시작한 이후에 세운 것입니다. 그는 "한번 습관을 들이니까 그냥 하게 됐다"고 말했습니다.

또 다른 유명한 연속 달리기 선수는 세스 고딘입니다. 2002년부터 블로그를 시작한 뒤로 그는 거의 매일 블로그에 글을 작성했습니다. 긴 글도 있지만 대부분은 짧은 글입니다.

블로그를 쓰는 일은 두렵고도 엄격한 훈련이라 할 수 있습니다. 이는 블로그의 세 가지 장점이라고 생각하는데요. (……) 내 생각에 나만의 이름을 붙이게 합니다. 나의 흔적을 남기는 것이죠. 365일 동안 매일 떠오르는 아이디어와 문화에 대한 생각과 일에 대한 고민을 남기다 보면 필연적으로 남들보다 더 깊이 생각하는 사람이 됩니다. 누가 읽든 읽지 않든 상관없이 블로그를 쓰는 일 자체가 자신을 위한 최고의 선물입니다.

저는 이 두 사람에게 영감을 받아 1년 동안 매일 블로그에 글을 쓰면서 마법 같은 깨우침을 얻었습니다. 매일 반복되는 활동에는 의지가 필요 없다는 사실입니다. '오늘 블로그에 쓸까?'를 생각하는 게 아니라 '오늘 언제 블로그에 쓸까?'를 생각하게 되니까요.

제리 세인펠드도 이 원리를 이용한 것으로 유명합니다. 벽에 달력을 걸어 놓고 글을 쓰는 날마다 빨간 매직펜으로 날짜 위에 'x' 표시를 했습니다. 한 인터뷰에서 그는 이렇게 회상했습니다. "며칠 거르지 않고 글을 쓰니까 x 표시가 연결된 사슬이 생겨났습니다. 계속 실천하니 사슬이 길어졌고, 몇 주가 지나니 그 사슬을 볼 때마다 기분이 좋아졌습니다. 이제 남은 일은 사슬이 끊어지지 않게 하는 것이었어요."

연속 달리기가 모두에게 적합하다고 할 수는 없습니다. 또 어떤 날은 좋은 글을 쓰지 못할 수도 있겠죠. 하지만 어떤 활동을 시작했을 때 거르지 않고 계속 이어갈 수 있게 하는 강력한 방법인 것만은 확실합니다.

작가의 벽 넘기

이 책의 내용이 대부분 '작가의 벽'Writer's block을 극복하는 방법에 관한 것이긴 하지만, 빈 화면을 마주했을 때 느끼는 무력감과 공허함에서 벗어나는 방법을 따로 소개해야 겠다고 생각했어요. 『작가의 벽을 돌파하는 방법』Breaking Through Writer's Block의 저자 앨런 와이스는 이 문제에 꽤 단호한 방식으로 접근합니다.

> 작가의 벽 따위는 존재하지 않습니다. 미신일 뿐이에요. 키보드 앞에 앉아 한 글자를 입력한 다음 몇 글자를 더 입력하면 단어가 완성됩니다. 단어 몇 개를 더 추가하면 문장이 완성되고, 몇 문장이 더해지면 문단이 완성되겠죠. 당신이 쓴 글은 아무 문제가 없지만 계속 당신을 비판하는 머릿속 작은 목소리, 즉 자기 검열이 벽을 만드는 것뿐입니다. 그 목소리의 근원을 없애야 합니다. 어깨를 툭툭 쳐서 그것을 떨어뜨린 뒤 피가 나도록 짓밟아 버려야 합니다. 빈 화면을 마주했을 때 사람들이 좋아할지 말지 생각하지 말고, 오로지 자신을 위해 써야 합니다.

조애너 펜은 좋은 입력이 없어서 좋은 출력을 얻지 못하는 사람이 작가의 벽에 맞닥뜨리는 경우가 많다고 말합니다.

대부분의 경우 작가의 벽은 창의력을 충분히 갖추지 못했기 때문에 생긴다고 생각합니다. 독서, 영화 감상 등 어떤 방법으로든 머릿속에 무언가를 채워야 합니다. 특히 논픽션을 쓸 때 개인적인 일화가 충분하지 않다면 밖에 나가서 무슨 일이든 실제로 경험하고 돌아와서 그대로 써 보세요.

세스 고딘은 자신의 블로그에서 글쓰기를 말하기처럼 생각하면 문제가 사라진다고 주장합니다.

'말하기의 벽'에 부딪히는 사람은 아무도 없습니다. 아침에 일어나서 할 말이 없다는 사실을 깨닫고 며칠 또는 몇 주 동안, 뮤즈가 등장할 때까지, 적당한 순간이 올 때까지, 삶의 모든 흔들림이 사라질 때까지 한마디도 안 하고 조용히 앉아 있는 사람은 아무도 없으니까요.

그렇다면 작가의 벽은 왜 존재하는 걸까요?

우리가 말하기의 벽에 부딪히지 않는 이유는 자신이 무의미한 말을 내뱉어서 사람들을 괴롭히지 않을까 하는 데 신경 쓰지 않기 때문입니다. 말은 싸구려입니다. 말은 일시적입니다. 대화는 쉽게 거부할 수 있습니다.

우리는 어리석은 말을 하다가도 결국 (또는 가끔) 현명한 말을 합니다. 말은 하면 할수록 더 잘하게 됩니다. 우리는 무엇이 효과가 있고 무엇이 효과가 없는지 알 수 있으며, 이러한 통찰력을 얻을수록 효과적인 일을 더 많이 할 수 있습니다. 이렇게 많이 연습했는데 어떻게 말하기의 벽에 막힐 수 있겠어요?

작가의 벽을 극복하는 방법은 특별한 게 아닙니다. 형편없는 글이라도 계속 쓰면 됩니다. 서툰 글이라도 더 잘 쓸 수 있을 때까지 공개적으로 계속 써 보세요. 제가 발견한 가장 강력한 극복 방법은 바로 작가(그러니까 저 자신)가 자기 일을 할 수 있게 돕는 것입니다. 누구를 위해, 왜 글을 쓰는지를 마음에 새기는 거죠. 그리고 글쓰기를 관리하기 쉬운 분량으로 나누세요. 그레이스 마셜의 말처럼요.

작업 목록에 '책 쓰기'라고 써 두면 완수하기 힘듭니다. '책 쓰기'는 너무 부담스러운 일이죠. 우리는 크고 지루하거나 두려운 일은 미루는 경향이 있습니다. 크고 두려운 '책 쓰기'를 잘게 쪼개는 방법을 찾아보세요.

함께 쓰기

워싱턴 어빙의 유명한 전설이 깃든 슬리피 할로우° 인근의 눈 내리는 뉴욕 북부에서 보낸 주말은 제 출판 경력에서 가장 소중한 시간으로 남아 있습니다. 활기가 넘치는 편집장은 제가 새로운 주요 참고자료를 수집하고 정리하는 작업을 할 수 있도록 주말에 전문 편집자 팀과 논의할 수 있게 해 주었죠. 첫날 인사를 나눈 뒤 편집장은 책의 가능성에 대해 이야기했고, 저는 책 제작 과정에 대해 설명했으며, 팀원들은 두 가지 사안을 중심으로 심도 있게 논의했습니다. 다음 날에는 각 장 간의 균형, 핵심 주제와 각 장의 관계, 역사적 논란부터 무응답 기고자에 이르기까지 문제되는 부분을 어떻게 다룰 것인지 등 큰 틀을 짜기 시작했습니다.

분량이 만만치 않은 책이었지만 일정에 맞춰 정확한 분량의 우수한 결과물을 낼 수 있었던 것은 결코 우연이 아니었습니다. 하지만 저는 종종 진정한 마법은 보이지 않는 데서 생긴다고 생각합니다. 우리는 커피를 마시거나 저녁 식사 후 겨울의 눈부신 태리타운을 함께 걸으면서 조용

° 워싱턴 어빙은 19세기 미국 낭만주의 문학의 대표적인 작가로 『슬리피 할로우의 전설』이라는 책을 썼다.

한 호감과 존중의 관계를 쌓았고, 이후 공적으로나 사적으로 연락을 주고받는 사이가 되었습니다. 물론 이 책을 집필하는 동안에도 저는 그들과 지속적으로 소통했습니다. 우리 사이에 실망스러운 일은 결코 일어나지 않았습니다. 같은 분야에서 생각이 통하는 사람들과 태리타운에서 함께 주말을 보내는 사치를 모두 누릴 순 없지만, 당신이 어떤 상황에 있든 모든 것을 혼자 해내려고 애쓰지 않았으면 합니다.

글쓰기는 약간의 창의적 마찰이 있을 때 가장 잘 이루어집니다. 추진력을 유지하고 새로운 방향을 찾으려면 다른 사람의 기발한 아이디어가 필요할 때도 있고, 마감 날짜에 맞추려면 누군가의 재촉이 필요합니다. 혼자 글을 쓰는 것은 혼자 술을 마시는 것과 비슷해요. 나쁘지는 않지만 지나치면 좋지 않죠.

말로 풀어내기

때로는 글을 쓰는 행위가 책을 쓰는 최선의 방법이 아닐 수도 있습니다. 로빈 웨이트는 웹사이트를 구축하는 일을 하는 사람으로, 늘어나는 고객을 위한 온라인 사업 전략을 개발하느라 항상 바빴습니다. 게다가 퇴근해서는 생후 3개월 된 아기를 돌봐야 했죠. 그가 책을 쓰기로 결심했을 때당면한 과제는 글 쓸 시간이 없다는 것이었습니다. 로빈이찾은 해결책은 책의 구조를 상세히 계획한 다음 매일 출퇴근길에 녹취하는 방식이었습니다.

> 출근길에 15분씩 녹음을 했어요. 우선 하나의 챕터를 선택하고 그 안에 5개의 키워드를 배치해서 각각 2분씩 설명하는 방식이죠. 이렇게 10분가량 녹음한 한 챕터 분량을 점심시간에 컴퓨터에 받아쓴 뒤 나중에 편집을 했죠.

말로 풀어내기의 장점은 크게 두 가지입니다.

첫 번째, 속도입니다. 로빈은 이 방법을 활용해 두 권의 베스트셀러를 집필하는 데 약 6주가 걸렸습니다. 한번

말로 풀어낸 다음 편집 과정에서 자신의 생각을 좀 더 명확히 하고 문장을 다듬을 기회가 있었기 때문에 출판사에 원고를 보낼 때는 '거의 완성된 상태'였다고 합니다. 말하는 속도는 대체로 타자를 치는 속도보다 빠릅니다. 때로는 타자를 치다가 생기는 문제 때문에 신선하고 강렬한 생각의 속도를 따라가지 못하기도 하니까요. 이 점은 말로 풀어내기의 두 번째 장점으로 이어집니다. 바로 문체입니다.

소리 내어 말할 때는 자신의 자연스러운 말투를 쓰게 됩니다. 독자와 마주하고 있다고 상상하며 말하다 보면 적절한 말투를 찾기 쉬워집니다. 독자 입장에서도 저자가 직접 이야기를 들려주는 느낌을 받을 때 친근감을 느낍니다. 그렇다면 빈 화면에 글을 쓰는 것보다는 말로 설명하는 방식이 훨씬 쉽지 않을까요? 특히 글쓰기가 부담스러운 사람에게 유용할 겁니다. (자기 분야에서 일을 잘하는 전문가라고 해서 글도 잘 쓰라는 법은 없으니까요.)

전통적인 방식으로 글을 쓰다가 생각이 막히거나 표현 방법과 단어를 고르느라 메시지를 놓치곤 한다면 의자에서 일어나세요. 눈에 띄지 않는 곳에 음성 녹음 앱을 실행시키고 눈앞에 독자가 있다는 상상으로 편안하게 설명하듯 말해 보세요. 로빈처럼 직접 받아쓰기를 할 필요도 없죠. '드래곤'Dragon이나 '레브닷컴'Rev.com 같은 온라인 녹취 서비스를 이용하면 작업 속도를 더욱 높일 수 있습니다.°

○ 한국어 녹취는 클로바노트를 이용하면 편리하다.

소리 내어 읽기

제 아이들은 엄마가 책 읽어 주는 것을 좋아합니다. 심지어 열네 살짜리 아이도 그렇답니다. 충분히 스스로 책을 읽을 수 있고 실제로도 열심히 읽지만, 함께 책을 읽는다는 데서 색다른 매력을 느끼는 것 같습니다.

그림책은 소리 내어 읽도록 고안되었으며, 줄리아 도널드슨의 책처럼 훌륭한 그림책은 음악과 리듬이 가미되어 있기 때문에 읽을수록 빠져듭니다. 또한 굉장히 기억에 오래 남기도 하죠. 『스쿼시와 스퀴즈』A Squash and a Squeeze를 읽은 건 아주 오래전 일이지만 여전히 책 전체를 거의 외울 수 있습니다(방금 직접 시도해 봤거든요).

하지만 지금 당신이 읽고 있는 이 책을 소리 내어 읽는다면 가끔 매끄럽지 못한 순간을 만나게 될 겁니다. 때로는 어색하게 반복되거나, 끝까지 읽어야 질문임을 알 수 있는 문장이 나오거나, 문법의 오류를 느낄 때도 있겠죠. 소리 내어 읽으면 눈으로 훑어볼 때 보이지 않았던 부분을 알아차릴 수 있습니다. 따라서 자신의 글을 소리 내어 읽는 것도 매우 유용한 (때때로 괴로운) 방법이죠. 소리 내어 읽기는 어느 단계에서든 시도해도 좋지만, 특히 책의 전체적인 구조가 갖춰지고 전달하고자 하는 메시지가 만족스럽게 담겼다고 판단했을 때 가장 효과적입니다. 저는 제 원고를 소리 내어 읽었을 때 오타나 문법의 오류와 같은 명백한 문제 외에도 다음 몇 가지 문제를 발견할 수 있었습니다.

문체를 잃은 것. 글을 쓸 때는 묵직한 단어와 격식 차린 문체를 사용하는 경향이 있는데, 나중에 다시 읽어 보면 자신이 얼마나 거만한 얼간이처럼 느껴지는지 깨닫게 됩니다. 독자들로부터 이런 지적을 듣기 전에 지금 바로 걸러 내는 것이 낫습니다.

어떤 단어를 과도하게 많이 쓴 것. 제 팟캐스트 청취자라면 이미 알겠지만 저는 '사랑스럽다', '훌륭하다', '정말', '그냥'이라는 말을 많이 사용합니다. 문장에서는 무의미한 추임새죠. 이런 단어를 한 단락에 세 가지 이상 썼다? 가차 없이 고쳐야 합니다.

요점을 잃은 것. 처음 시작할 때는 글의 방향이 분명했지만 자기도 모르게 샛길로 빠져서 길을 찾지 못할 때가 있습니다. 소리 내어 읽다 보면 이렇게 미완성으로 남겨 둔 문장을 알아차리게 됩니다.

속도가 잘못된 것. 글의 전개가 너무 느리거나 너무 빠를 때가 있습니다. 저는 좀 더 친근하고 자연스럽게 읽힐 때까지 단어를 빼고 마침표 넣고 단락을 나눕니다.

제 조언이 의심스럽다면 세스 고딘의 말을 믿으세요.

첫 장을 소리 내어 읽을 수 없다면 글을 잘못 쓴 겁니다. 다행인 건 해결책이 매우 간단하다는 것이죠. 반면 "글이 너무 네가 말하는 것과 똑같아"라는 피드백을 받았다면 해결하기가 무척 어렵습니다. 당신이 다른 사람처럼 쓰도록 만들 방법은 저한테 없으니까요.

마이클 닐은 이 과정을 통해 '음악적 리듬'을 발견할 수 있다고 믿습니다.

저는 최종 편집을 할 때 책을 소리 내어 읽습니다. 그 순간 제 눈에는 책의 레이아웃이 보이지 않고 책 속의 대화가 들립니다.

스스로에게 보상하기

개를 훈련시킨 적이 있다면 보상을 통해 길들이는 방법에 대해 알 겁니다. 사람도 크게 다르지 않습니다. 잠자리에 들기 전 활동 추적 앱에서 '참 잘했어요!'라는 메시지를 받으려고 계단 오르내리기를 반복한 적이 있지 않나요?

보상(솔직하게요? 그래요, 뇌물이라고 하죠)은 글쓰기 습관을 형성하는 강력한 방법입니다. 벡 에반스는 이렇게 설명합니다.

행동 변화는 도파민 분비와 관련 있습니다. 무언가를 이루기 위해 스스로 훈련하고 있다면 보상도 필요합니다. '한 쪽을 완성하면 5분 동안 페이스북에 접속해도 돼'라는 식으로요. 보상이 무엇이든 상관없습니다. 맛있는 커피 한 잔일 수도 있습니다. 실제로 중요한 규칙은 작은 진전에 대해 아주 작은 보상을 주는 것입니다. "250단어를 완성했으니 샴페인 한 병을 마시자"는 안 됩니다. 그런 속도로는 절대 책을 완성할 수 없을 테니까요.

물론 이런 시도는 재미있게 글쓰기를 할 수 있는 방법이라고 생각합니다. 『생산성 높이는 방법』의 저자 그레이스 마셜은 글쓰기가 어려운 이유는 우리에게 익숙한 보상 기준과 다른 방식으로 작동하기 때문이라고 지적합니다. 우리는 매일 수십, 수백 번씩 휴대폰을 확인하며 정기적으로 새로운 좋아요, 댓글, 이메일을 보며 도파민 분비라는 보상을 받습니다.

글쓰기는 매우 깊이 잠수하는 활동입니다. 오늘날의 삶과 업무 세계에서 우리가 하는 일의 대부분은 이메일 확인, 이 회의에서 저 회의로 뛰어다니는 일, 페이스북과 트위터 따위를 보는 일인데, 빠르게 처리하는 데 익숙해지면 책을 쓰는 일은 완전히 다르게 느껴지죠.

다가올 미래에 자신의 책을 손에 쥐는 상상만으로도 집필 과정을 즐기거나 충분히 보람을 느끼는 사람도 있습니다. 하지만 대부분의 사람은 손이 닿을락 말락 하는 곳에 아주 작고 분명한 목표를 두어야 동력을 얻을 수 있습니다.

집필용 플레이리스트 만들기

개인적으로 저는 음악을 들으면서 글을 쓰기가 어렵습니다. 하지만 주위 사람들의 대화 소리가 들릴 때는 글이 더 잘 써집니다. 음악 중에도 이렇듯 집중력을 높여 주는 '백색 소음' 음악이 있습니다. 밖에서 글을 쓴다면 외부의 방해 요소를 줄여 주는 노이즈 캔슬링 헤드폰을 착용해도 좋죠. 그리고 집필용 플레이리스트를 따로 저장해 두면 코스타(제가 이 글을 쓰고 있는 곳)에서 들리는 일반적인 수다보다 더 정교한 소리 환경을 선택할 수 있습니다.

캐럴라인 웹은 자신의 저서 『좋은 하루를 보내는 방법』에서 워크숍을 진행하기 전에 도나 섬머의 「Feel Love」를 틀어서 긍정적이고 활기찬 분위기를 만든다고 합니다. 글쓰기에 몰입하기 위해 이와 비슷한 습관이 있는지 물었습니다.

저는 거의 모든 일을 위한 사운드트랙이 있어요. 글을 쓸 때의 뇌는 신중하게 의식하는 기능 한 가지 일만 처리할 수 있기 때문에 특정한 재생 목록이 필요합니다. 어떤 음악을 듣든 의식적인 사고 과정에 방해가 되지 않아야 하죠. 저는 하이든의 현악 4중주를 반복해서 듣고 있었어요. 너무 잘 아는 곡이라 음악에 몰입할 필요가 없고, 이 곡을 들으면 '아, 지금 글을 쓰고 있구나'라고 자동으로 연상이 되거든요."(나중에는 하이든이 지겨워져서 유사한 기능을 제공하는 딥 하우스 음악으로 대체했다고 합니다. 사람의 취향이란 알다가도 모르겠죠?)

대니얼 프리스틀리는 책을 쓸 때마다 먼저 플레이리스트부터 만드는데, 좋아하는 하우스 음악을 틀면 집중력이 높아지고 글쓰기에 효율적으로 몰입하게 된다고 합니다.

저는 주로 가사가 없는 악기 연주곡 열다섯 곡 정도로 플레이리스트를 만들어 글을 쓰는 동안 재생 목록을 반복해 듣습니다. 음악이 없을 때는 이전에 썼던 내용을 다시 읽고 다시 집중하는 데 15~20분 정도 걸렸습니다. 반면에 책 내용과 짝이 맞는 특정한 플레이리스트가 있으면 실제로 훨씬 더 빨리 집중할 수 있습니다.

이런 사례는 가사 없는 음악이 글쓰기에 방해가 되지 않기 때문에 효과적이라는 점과 함께 음악을 글쓰기 습관의 일부로 활용하면 좋은 다른 이유를 알려줍니다. 바로 음악이 특정한 분위기를 조성해 연상 효과를 일으켜 글쓰기에 몰입하게 한다는 거죠.

음악 속에서 글 쓰는 것이 익숙하지 않다면 글을 쓰기전 몇 분간 음악을 듣는 것만으로도 이 두 가지 장점을 누릴 수 있습니다. 물론 음악을 들을 때 생산성이 높아진다는 느낌은 단지 흥을 돋우는 감정에 근거한 착각일 수 있다는 연구 결과도 있습니다. (솔직히 흥을 돋워서 글을 더 오래쓸 수 있다면 합리적인 전략이겠죠.)

따라서 글쓰기 플레이리스트를 만드는 것은 예술이자 과학입니다. 특정 음악이 불러일으키는 연상 작용과 감정이기 때문에 지극히 개인적인 선택 사항이기도 합니다.

슬라이드 문서 활용하기

빈 화면을 바라볼 때면 채워야 할 공백이 너무 많다는 생각에 지루해질 수 있습니다. 이 문제를 해결할 수 있는 두 가지 방법이 있습니다. 글자 크기를 크게 하거나 공백 공간을 작게 만드는 거죠. 파워포인트 슬라이드를 활용합시다.

책과 함께 강좌를 만들거나 강연 계획을 갖고 있다면 원고를 쓰기 전에 슬라이드 문서부터 만드는 게 좋습니다. 멋진 레이아웃이나 예쁜 그림을 찾겠다는 생각은 버리고 글머리 기호로 제목만 적으면 됩니다. 이미 구성한 목차가 있다면 그 목차가 전체 구조의 출발점입니다. 그런 다음 부, 장, 절에 대략 몇 개의 핵심 포인트가 있는지(즉 제목이 몇 개이고 따라서 슬라이드가 몇 개인지)를 파악하고 글머리 기호를 넣기만 하면 됩니다. 이 방식은 포스트잇 메모를 사용하는 것과 비슷합니다. 다른 점이라면 슬라이드는 쉽게 이동할 수 있고 벽면 공간을 활용할 필요가 없다는 것이죠.

완성된 슬라이드 문서로 무엇을 할지는 당신에게 달려 있습니다. 예쁘게 다듬어 강의 자료로 활용할 수도 있고, 단순히 책을 쓰는 데 도움이 되는 안내 문서로 사용할 수도 있습니다.

3장

글쓰기를 돕는 비밀 도구

이제 기본적인 바탕은 다 채웠으니 『범상치 않은 비즈니스 북클럽』에 출연한 게스트들이 제공한 몇 가지 유용한 팁을 알려드리겠습니다. 책 쓰기 게임에서 유리한 고지를 점할 수 있는 작지만 강한 노하우입니다. 고맙다는 인사는 넣어두세요.

타이머 활용하기

글쓰기를 자주 미루거나 글의 흐름 속으로 빠져들기 어려울 때 좋은 팁입니다. 몇 년 전 캐럴라인 뷰캐넌이 쓴 책 『15분의 법칙』The 15 Minute Rule을 읽은 적이 있습니다. 15분 동안 타이머를 설정하고 일을 시작하면 거의 모든 일을 해낼 수 있다는, 간단하지만 믿을 수 없을 정도로 강력한 노하우를 담고 있는 책이죠.

이 책을 읽고 나서 저는 바로 주방 타이머를 구입했어요. 놀이방 정리하기 등 평소 엄두가 나지 않던 일을 할 때 타이머를 활용하니까 금방 해치우게 되었고 점차 습관도 들일 수 있었습니다.

이 책을 쓸 때는 조금 다른 방법을 활용했습니다. 프란체스코 치릴로가 1980년대 학생 시절 고안한 건데, 토마토 모양의 타이머를 사용해 25분씩 세션을 나누고 각 세션이 끝날 때마다 5분씩 휴식을 취하는 포모도로 기법입니다. 네 번이 한 세트인 포모도로를 한 다음에는 30분 동안 긴 휴식을 취합니다. (저는 절제력이 별로 없고 고객과의 약속도 많기 때문에 하루에 포모도로를 두 번만 잘 써도 만족스럽습니다).

그레이스 마셜도 이 기법을 사용해 본 뒤 얄팍하게 집중하는 상태를 극복하고 글쓰기에 깊숙하게 몰입할 수 있게 하는 탁월한 방법이라고 밝혔습니다. (생산성 강의를 하는 사람이니까 더 잘 이해하겠죠.)

타이머를 설정한 다음 '좋아, 25분 동안 글만 쓰고 다른 일은 하지 않을 거야.'라고 말하고 시작했습니다. 처음에는 휴대폰을 확인하고 싶은 유혹이 생길 때마다 못 이기고 휴대폰을 확인했는데 '아니, 무슨 일이야. 아직 4분밖에 안 지났잖아!'라고 생각했고, 그다음에는 휴대폰을 확인하고 '6분밖에 안 지났네'라고 생각했죠. 이렇게 처음에는 몇 분마다 시간을 확인하고 싶었는데 점차 글의 흐름에 집중하게 되면서 깊이 빠져들 수 있었습니다. 문득 위를 올려다보고 '우와, 벌써 20분이나 지났네?'라고 할 수 있었죠.

시리즈로 생각하기

수많은 초보 저자는 자신이 알고 있는 모든 지식과 정보를 책에 담으려 하다가 위기에 봉착합니다. 그런 책은 저자뿐만 아니라 독자도 부담스럽게 하기 때문에 외면당하고 말 겁니다. 생산성 전문가인 그레이스 마셜에게 초보 저자를 위한 최고의 팁을 알려 달라고 부탁하자 이렇게 대답했습니다.

지금 쓰는 책이 마지막이 아니라 처음 쓰는 책이라고 생각하세요. '모든 것을 다 써야 해' 또는 '최고의 책을 써야 해'라고 생각하지 말고 '이번이 나의 첫 책이고 모든 일의 시작점이다'라고 생각하세요.

단숨에 어깨가 가벼워지지 않나요? 이런 마음으로 쓴다면 훨씬 더 명확하고 집중력 있게 메시지를 전달할 수 있습니다. 바쁜 세상에서는 적은 것이 곧 많은 것을 의미한다는 사실을 잊지 마세요. 세상을 바꿀 대단한 글이라 할지라도 벽돌책 속에 묻어 두면 아무도 알아주지 않습니다.

쓰고 있는 책이 너무 늘어지거나 분량이 너무 많다고 느껴진다면 아예 시리즈를 구상하면 어떨까요? 그러면 어떤 (짧은) 책을 먼저 쓸지 정하기만 하면 됩니다.

시리즈로 전환했을 때 좋은 점은 몇 가지 더 있습니다. 더 짧고 집중력 있는 책을 더 빨리 쓸 수 있습니다. 각각의 책도 충실해집니다. 여러 주제를 무리해서 한 장에 압축할 필요 없이 적절한 분량으로 다룰 수 있으니까요. 게다가 독자의 니즈를 좀 더 구체적으로 공략할 수 있기 때문에 해당 문제에 대한 해결책을 찾는 사람이라면 곧바로 책을 구매할 확률이 높겠죠. 시리즈를 낼 때마다 시리즈에 속한 다른 책을 교차 홍보할 수도 있습니다. 첫 번째 책 앞에 두 번째 책을 소개하고 새 시리즈 책이 나올 때마다 시리즈 목록에 추가하면 됩니다. 수익 면에서도 책 한 권을 15.99파운드에 판매하기보다 여섯 권을 각각 5.99파운드에 판매하는 쪽이 더 낫겠죠.

당신의 글쓰기가 통제 불능 상태에 빠졌다면, 시리즈로 담아야 할 내용을 한 권에 담으려 하고 있진 않은지 확인하세요.

적절한 은유 시도하기

세상에서 가장 위대한 재능은 은유를 구사하는 능력이다.
다른 사람이 가르쳐 줄 수 없고 닮은꼴을 볼 줄 아는 눈이
있어야 좋은 은유를 구사할 수 있기 때문에 이는 천재의
표식이다.　　　　　　　　　　　 – 아리스토텔레스

우리는 의식하지 못하지만 항상 은유를 사용합니다.
'그의 잔은 절반이 채워져 있다', '그는 성공을 짓고 있다',
'그는 불같다' 등 셀 수 없이 많죠. 은유는 산문 속에 숨어
있는 시와 같으며 사전적 지식과 새로운 개념 사이의 가교
역할을 합니다.

적절한 은유가 사용된 책 제목은 독자의 즉각적인 참
여, 호기심, 놀라움, 친숙함 등 긍정적인 연상을 불러일으
키는 직관적인 기호 역할을 하기 때문에 작가라면 누구나
좋은 은유를 찾아 헤맵니다. 은유는 책에 자연스러운 형태
를 부여하기도 합니다.

'영혼을 위한 닭고기 수프'라는 제목은 영양, 보살핌,
위로, 치유, 사랑을 전달합니다. 제목을 '101가지 영감을 주

는 이야기'라고 지을 수도 있었겠지만, 그랬다면 지금처럼 잘 팔리지는 않았겠죠.

'게릴라 마케팅'이라는 제목은 행동, 흥분, 다른 방식으로 일하기, 가진 것을 최대한 활용하기 등을 즉각적으로 전달합니다. 이 은유는 '게릴라 마케팅의 200가지 무기', '게릴라를 위한 정보 무기고'라는 제목의 부록까지 연결되어 영역을 확장합니다. 너무 뻔한 은유는 강한 인상을 주지 않기 때문에, 단순하지 않으면서도 억지스럽지 않은 표현을 찾아야 합니다. 은유적 제목을 염두에 두고 일을 하면서 가능한 연관성과 유사성을 떠올리고 자유롭게 연상해야 합니다. 영감은 예상치 못한 곳에서 나올 수 있습니다.

뜻밖의 발견은 환상적인 일이지만 우연에만 매달릴 수는 없습니다. 우주가 적절한 은유를 보내 주지 않는다면 도움을 요청하세요. 뻔하고 진부한 은유를 뒤지느라 머릿속을 혼란스럽게 하지 말고 가능한 한 오랫동안, 이왕이면 친구 한두 명과 함께(혼자 브레인스토밍하는 것은 지루하고 힘든 작업입니다) 연결 고리를 찾아내세요. 아이디어가 떠오르지 않으면 밖에 나가서 나뭇잎, 자동차, 놀이터 등 무작위로 고른 표현 사이에서 당신의 책과 유사한 부분을 찾아보는 식으로 두뇌를 자극한 다음 다시 브레인스토밍을 시작하세요. 이상하게 들릴지 모르지만, 저는 기업들과 문제 해결 워크숍을 진행할 때 이 '강제 은유' 기법을 사용해 보고 예상보다 효과가 좋아서 놀란 적이 있습니다. 한 참여자가 그러더군요. "우리 팀은 이 도토리와 같아요. 왜냐하면…… 왜냐하면…… 절반은 노출되어 있고 나머지 절반은 컵 안에 있어서…… 본사에 있는 윗사람들은 저희가 제품을 시연할 때 고객들의 반응을 볼 수 없거든요!"

은유에 쓸 좋은 아이디어가 몇 가지 떠오르면 바로 선택하지 말고 화이트보드에 써 두거나 포스트잇을 붙여 놓고 며칠 동안 되새겨 보세요. 어떤 것이 마음에 드는지 살핀 후 표현을 가능한 한 확장해 보고 타깃 독자의 반응을 확인해 보세요.

대신 은유는 신중하게 사용해야 합니다. 특정 은유 효과에 너무 깊이 빠지면 당신의 책에 적합하지 않다는 사실을 알아채지 못할 수도 있습니다. 은유의 달인 마이클 닐은 이렇게 말했습니다.

저에게 미팅을 요청한 사람이 제 은유를 가리키며 "이 개념이 차 한 주전자라면, 너무 끓이면 무슨 의미인가요?"라고 묻더군요. 이어서 "그 개념이 자전거를 타는 것과 같다면 앞바퀴가 흔들린다는 건 무슨 의미인가요?" 처음엔 이 질문에 답을 하려고 꽤 많은 시간을 들였지만 결국 가장 현명한 대답을 찾아냈습니다. "그건 은유일 뿐이에요!" 은 유는 그것과 비슷한 것이지, 그것 자체는 아니거든요. 천 가지 은유가 있을 수 있지만 가장 올바른 은유는 없습니 다. 당신이 가리키고 있는 것을 엿볼 수 있게 하는 것이 바 로 은유입니다.

골동품 창고 만들기

『허슬, 멈추지 않는 추진력의 비밀』과 『린 사업가』의 공동 저자인 패트릭 블라스코비츠는 '골동품 창고'라는 개념을 소개했습니다. 책에 쓰지 않은 나머지를 넣어 두는 곳입니다. 기본적으로 이곳에 담겼다는 것은 쓸모가 없다는 뜻이지만 때로는 그 안에서 보물을 발견할 때가 있습니다.

공동 저자인 패트릭과 조나스 코플러는 서로 호불호가 갈리는 글을 모아 두는 골동품 창고를 만들었습니다.

정말 길고 긴 스크랩 파일이었습니다. 과장 없이 10,000단어에 달했죠. 저는 스크랩 파일을 넘기면서 장별로 잘라낸 다음 이렇게 말했습니다. "자, 우리가 의논한 내용이 여기 있네. 이것도 우리가 얘기한 것이었어." 우리는 작은 씨앗 같은 500단어 글 조각을 20개 정도 만들고, 책으로 다시 돌아가서 "이 말을 넣을 곳이 어디일까?" 하면서 알맞은 자리를 찾았습니다. "아, 여기가 딱이야", "이건 여기에 넣으면 완벽해지겠어", "이건 이 아이디어를 뒷받침하기에 좋겠어"라는 말을 주고받았습니다. 우리의 잠재의식이 '이걸 표현해야 하는데 다른 퍼즐 조각이 아직 나오지 않았어'라고 생각한 것처럼 말이죠.

처음에 저는 골동품 창고가 지식 재활용의 한 형태라고 생각했습니다. 하지만 생각해 보니 아이디어가 자라고 다른 아이디어와 접목되고 변화하고 번성하는 방식은 패트릭의 표현대로 '씨앗'이 자라듯 유기적으로 뻗어 나가는 것과 닮아 있었죠.

당신도 아이디어가 원고와 다소 어울리지 않는다고 해서 바로 폐기하진 마세요. 골동품 창고에 넣어 두었다가 준비가 되었을 때 새로운 시각으로 더 크고 선명한 그림을 그린 뒤에 다시 돌아오세요. 창고 안 어떤 것은 썩었을 수도 있지만, 다른 어떤 것은 오랜 시간 숙성되어 예상치 못하게 유용한 아이디어가 되어 있을 수도 있습니다.

이메일 잘 쓰기

하루에 몇 통의 이메일을 보내나요? 이메일 한 통 한 통이 사람들을 당신의 책 쓰기 여정에 끌어들일 수 있는 작지만 중요한 기회를 불러옵니다. 일단 이메일 서명란에 곧 출간될 책 제목을 적고 "저자 '○○○'입니다. 자세한 정보를 알고 싶다면 저에게 문의하세요!"라는 문구를 설정하세요.

이와 관련해 일레인 할리건이 유용한 팁을 제공합니다. 부재 중 응답 메일에 일반적인 표현 대신 자신이 현재 무엇을 하고 있는지 정확히 설명하고 책을 소개하는 문장을 넣었습니다. "오늘은 『우리 아이는 달라』My Child Is Different 원고를 쓰는 날입니다. 저는 하루에 두 번만 이메일을 확인하고 받은편지함은 다시 확인하지 않습니다. 긴급한 용무가 있는 경우에는 제 사무실 관리자에게 연락 주세요. 양해 부탁드립니다." 부재 중 답장을 바꾼 것만으로 당신의 책이 어떻게 진행되고 있는지 궁금해하는 사람들과 책을 사려고 기다리는 사람들을 한꺼번에 응대한 셈입니다.

책에 대해 공개적으로 이야기하면 어떤 마법이 일어날 수 있는지를 보여 주는 멋진 사례입니다. 이 방법이 성공적이라고 판단하는 이유는 예상치 못한 결과를 가져다 주기 때문입니다. 대개는 상대가 메일을 확인하지 않으면 짜증이 나게 마련이지만, 그가 현재 흥미로운 프로젝트를 진행하고 있다는 사실을 알게 되면 짜증보다 호기심이 일게 되죠. 또한 방해받지 않고 자동 이메일을 통해 지금 진행 중인 일을 설명할 수 있다는 점도 매력적이죠. 이런 방식은 마케팅이 아니라 대화라고 할 수 있습니다.

4장

책 그 너머

이제 책을 완성하는 데 온 신경이 집중된 상태겠지만 좀 더 큰 그림을 생각해야 합니다. 글을 끝내는 것으로 비즈니스의 핵심 작업이 끝나는 것은 아니니까요. 이번 장에서는 출간할 책을 나의 일에 연결하고 책 너머까지 확장하는 방법을 소개합니다.

마케팅 자료 준비하기

지금 책을 쓰는 중이라면 준비가 필요합니다. 더 열심히 쓰거나 자기를 점검하거나 편집자의 질문에 답하라는 뜻이 아닙니다. '결정적 순간'을 맞이할 준비를 해야 한다는 뜻입니다. 그 순간은 당신의 책이 언론에 소개되는 때로, 놓칠 수 없는 선물 같은 순간이죠. 사람들이 당신을 주제로 이야기하기 시작하는 순간이며, 당신이 대중 앞에 나서는 순간이죠. 이러한 기회는 매우 빠르게 그리고 종종 예기치 않게 찾아옵니다.

홍보 담당자인 벤 캐머런은 이렇게 말합니다.

오늘 뉴스에 보도된 새로운 소식도 내일이 되면 지나간 뉴스가 됩니다. 논평할 만한 뉴스가 나오면 즉시 대응할 수 있는 만반의 준비가 되어 있어야 합니다. 뉴스에 댓글을 달고 언론에 이야기해야 합니다. 발 빠르게 대처하지 않으면 기회를 놓칩니다. 책이 아직 출판되지 않았더라도 마케팅 자료가 준비되어 있다면 '곧 출간될 책의 저자'로서 순간을 포착할 수 있습니다.

어떤 분야의 마케팅이든 언론 보도는 매우 중요합니다. 당신의 책과 관련하여 현재 뉴스 기사에 곧바로 대응하기는 어렵겠지만 헤드라인에 띄울 수 있게 하는 방법은 많습니다. 책을 집필하는 과정에서 기본적인 마케팅 자료로 준비할 만한 것들을 소개합니다.

잘 나온 내 사진. 인스타그램에 올린 사진이나 아이들과 함께 찍은 사진보다는 전문 사진작가가 촬영한 사진이 좋습니다. 신뢰성과 전문성을 부여해야 하니까요. 인쇄용과 온라인용으로 각각 고해상도 버전과 저해상도 버전을 준비하고, 가능하다면 흑백 버전도 마련해 두세요.

자기 소개 문안. 기본적으로 웹사이트에 짧게 올라가는 소개글처럼 기자에게 배경 정보를 제공하는 보도자료에 들어갈 문장입니다. 기자들은 종종 이 문장을 그대로 기사에 사용하는 경우가 많기 때문에 확실히 작성해야 합니다. 저자 소개, 책 소개, 사업 소개, 연락처 등의 정보를 포함하세요.

약력. 내가 누구인지, 무엇을 하는 사람인지, 이 분야의 맥락에서 내가 왜 중요한지 간단히 설명하는 짧은 글입니다. 3인칭으로 사실에 입각해서 작성하세요. 특정 업적이나 직책, 특히 관련성이 있거나 인상적인 경험 또는 교육 자격을 강조하세요. 가능한 한 짧게 작성하고 꼭 필요한 정보만 포함하세요.

책 요약. 책의 내용, 대상 독자, 당신이 쓴 책이 중요한 이유를 두 문장 내외로 간결하고 명확하게 작성합니다. 전화 통화를 할 때나 이메일을 보낼 때 심지어 우연히 방송인이나 기자와 대화하게 되었을 때도 이 내용을 활용할 수 있습니다. (잠재 고객은 말할 것도 없고요.) 당신의 방대한 활동을 단 두 문장으로 요약하는 게 어렵긴 하겠지만, 이렇게 준비해 놓으면 사람들은 당신의 간결하고 명확한 소개에 다들 놀랄 겁니다.

이렇게 준비가 되었다면 '결정적 순간'이 다가왔을 때 기자에게 보낼 자료가 갖추어진 겁니다. 보도자료를 보내는 것 이상을 제안하고 싶다면 예상 질문을 미리 보내기를 추천합니다. 기자가 자신의 독자층에게 흥미로운 내용이라 판단했다면 기꺼이 당신이 제안한 질문을 해 줄 겁니다. 기자들은 대부분 시간에 쫓기기 때문에 빠른 시간 안에 당신의 글을 파악하고 응용할 수 있도록 최대한 쉽고 간단하게 전달하는 게 좋습니다. 지역 라디오나 인터넷 라디오 방송국에 인터뷰를 하러 갈 때도 미리 샘플 질문을 보내 놓으면 인터뷰의 질이 훨씬 더 좋아질 겁니다.

　이렇게 기본적인 작업을 미리 해 두면 책이 출판되기 전부터 홍보를 할 수 있습니다. 인터뷰할 만한 뉴스 기사를 발견하면 해당 기사에 대한 자신의 견해를 담은 이메일을 기자에게 보내도 좋습니다. 마케팅 자료와 함께 사용할 수 있는 흥미로운 인용문을 넣고 인터뷰를 제안하세요.

　영광의 순간을 준비하는 동안 소셜미디어와 웹사이트를 꼼꼼히 살펴보고, 자신감 있게 책을 홍보하기 위해 손질이 필요하다면 지금 바로 고쳐 보세요. 당신의 전문 분야가 메인 뉴스로 다뤄질 때 바로 당신의 작업을 내밀 준비가 되어 있어야 합니다. 전문 분야에 대해 꾸준히 블로그를 작성하고 소셜미디어를 활용해 왔다면 당신이 전화를 걸기도 전에 기자가 먼저 연락해 오는 사람이 될 수 있습니다.

온라인 마케팅용 콘텐츠 만들기

책은 독자가 아이디어에 집중할 수 있도록 하는 훌륭한 매개입니다. 책을 다 읽고 나면 독자는 저자를 아는 사람처럼 느끼게 되고, (내용이 훌륭하다면) 저자를 좋아하고 신뢰하게 됩니다. 하지만 저자인 당신은 그들이 누구인지 전혀 알 수 없죠. 당신의 독자가 이상적인 잠재 고객이라면 그들과 관계를 구축할 기회가 필요한 저자 입장에서 안타까운 일입니다.

이 부분을 보완하고 싶다면 오프라인 세계에서 더 넓은 플랫폼인 온라인 세계로 독자를 끌어들이는 방법을 찾아보세요. 책과 관련된 자료를 만들어 온라인 공간에 게시하면 사람들의 발길을 책에서 인터넷으로 이끌 수 있고 당신의 책을 몰랐던 사람들은 책을 구입하게 할 수 있습니다.

워크북을 만들면 좋겠지만 그 방법만 있는 건 아닙니다. 책에 삽입된 연습 문제나 인쇄 가능한 모델 버전을 웹사이트에 올리는 일부터 시작해 보세요. 책에 있는 자료를 뛰어넘어 인터넷의 멀티미디어를 활용할 수도 있습니다. 육아를 위한 어느 사이트에는 각 장의 요약과 연습 문제뿐 아니라 링크, 유인물 및 비디오와 같은 추가 자료가 공개되어 있습니다.

가이 가와사키는 자신의 저서인 『시작의 기술 2.0』Art of the Start 2.0을 중심으로 슬라이드쉐어 자료와 다운로드할 수 있는 스프레드시트 및 워드 템플릿과 강연 동영상까지 다양한 자료를 만들었습니다. 그 이유를 물어보니 이렇게 답했습니다.

제 콘셉트는 책에 무료로 접근할 수 있는 접점을 최대한 많이 제공하는 것이며, 가능한 한 많은 사람에게 더 빨리 다가가는 것입니다. 광고로는 마음을 움직일 수 없습니다. 오직 입소문만이 마음을 움직일 수 있거든요. 그러니 입소문을 만드는 것이 가장 중요한 과제입니다.

워크북 만들기

저자에게서 자주 듣는 말이 있습니다. "저는 이 책이 단순히 읽는 책 그 이상이 되었으면 좋겠어요. 사람들이 책을 읽으면서 생각을 곱씹고 글도 적을 수 있고 질문에 답하기도 한다면 얼마나 뿌듯할까요? 그래요, 글을 쓸 수 있는 책을 만들겠어요!" 좋은 생각입니다. 사람들이 책에 뭔가 적는 것을 별로 좋아하지 않는다는 사실만 빼면요.

어느 정도 문화적인 배경을 고려하지 않을 수 없습니다. 책은 우리 사회에서 특정한 지위를 점하고 있으며(책을 쓰는 이유 중 하나이기도 합니다), 책을 훼손하는 행동은 대부분 부적절하다고 생각합니다. 나중에 책이 누구의 손에 들어갈지 알 수 없기 때문에 뭔가를 적는 걸 싫어하는 사람도 있습니다. 언젠가 책을 팔 수도 있고 기증할 수도 있죠. 반대로 뭔가 적혀 있는 책이 내 손에 들어오면 원망스러울 테니 똑같은 짓을 하고 싶지 않겠죠. 물리적으로도 책에 뭔가를 적기는 좀 힘들기도 합니다. 일반적인 제본을 거친 책은 완전히 펼쳐지지 않기 때문에 책등을 꺾지 않는 한 글을 쓰기가 불편하니까요. (개인적으로 책등을 꺾는 사람과는 친하게 지내고 싶지 않아요.)

제작비를 지불하는 입장에서도 다른 문제가 있습니다. 내용 없는 빈 종이를 끼워 넣어야 하니까 그만큼 제작비가 추가됩니다. 마지막으로 독자가 이 책을 전자책으로 읽는다면 빈 칸을 활용할 수 없으니 불만스럽게만 느껴질 겁니다.

이런 이유들로 책에 독자가 적어 넣는 공간을 마련하기가 망설여진다면 아예 따로 워크북을 만드는 건 어떨까요? 워크북을 점잖게 대할 필요는 없습니다. 워크북은 '막 써. 네 마음대로 해도 돼! 워크북이니까 아무거나 해도 된다고!' 하고 외칩니다. A4 용지로 출력할 수 있도록 PDF로 만든 워크북을 홈페이지에 다운로드용으로 제공하면 됩니다. 비용이 들지 않을 뿐만 아니라 오프라인에서 책을 구입하는 독자를 온라인으로 끌어들일 수 있다는 큰 장점이 있죠.

『마흔 넘어 창업』Founded After 40의 저자 글렌다 숄리는 책과 함께 사용할 수 있는 멋진 디자인의 워크북을 만들었습니다. 이 워크북은 사업을 구상할 때 활용할 수 있는 귀중한 무료 자료로, 많은 독자가 자신의 이메일 주소를 적고 워크북을 받았습니다. 독자가 기꺼이 이메일 주소 제공에 동의하는 이 때 양방향 관계를 맺을 수 있는 구조가 형성됩니다. 숄리는 개인 프린터가 없는 사람들을 위해 일정한 수량을 인쇄하고 제본하여 이벤트를 개최하는 자리에서 나눠 주거나 웹사이트를 통해 판매했습니다. 숄리의 책에는 연습 문제가 있는 위치를 표시하는 '워크북' 아이콘이 있긴 하지만, 두 가지를 반드시 병행하라고 하기보다는 독립적으로도 사용할 수 있게 디자인했습니다.

워크북이 무료라고 해서 사람들이 책을 구입하지 않고 워크북만 보지 않을까 걱정하지 마세요. 무료 자료가 불법으로 복제된다는 시각보다는 마케팅의 한 종류로 봐야 합니다. 브랜드를 알리고, 책을 더 확장하고, 새로운 독자를 위한 접점을 만드는 기회로 삼는 거죠. (숄리의 경우에는 페이스북 커뮤니티를 운영하고 있습니다.)

책에 나온 질문과 실습 제안을 그대로 복사하거나 책 이외의 실무 자료를 워크북으로 만들어도 좋습니다. 특히 책에 넣기에는 분량이 너무 많은 경우에 유용하겠죠(물론 모든 사람이 워크북을 다운로드하진 않을 테니 중요한 핵심은 당연히 책에 모두 담아야 합니다).

종이 위에서 무대 위로

책을 쓰는 이유는 저마다 다양하지만, 제가 가장 자주 듣는 말은 '강연 기회를 얻기 위해서'입니다. 책을 쓴다는 것은 자신의 분야에서 사람들에게 전하고자 하는 메시지가 있다는 증거이기 때문에 강연자를 섭외하려는 쪽에서도 책은 아주 매력적인 요소입니다. 책을 집필하고 있다는 사실 자체가 강연자로서 당신을 돋보이게 하므로 굳이 책이 출판될 때까지 기다리지 않아도 됩니다.

책을 쓰는 단계별로 책과 강연을 어떻게 조화롭게 활용할 수 있을지 생각해 보세요. 책을 구성하는 단계일 때는 책의 핵심 주장을 바탕으로 강연 자료를 만듭니다. 먼저 친근한 소규모 모임에서 시도해 보고 반응을 살펴보세요. 논리가 잘 전개되고 청중이 관심을 기울이나요? 당신이 사용하는 용어를 청중이 이해하나요?

전체적인 책의 구조가 명확해지고 실제로 글쓰기를 진행 중이라면 특정 장이나 주제를 가지고 심층적인 강연 계획을 짤 수 있습니다. 특정 주제로 강연을 하면서 엉켜 있던 생각의 실마리를 풀어 나갈 기회가 생길 수도 있고요.

책의 각 부분을 독립된 강연으로 전환한다면 연속적인 프로그램으로 구성하여 두 번 이상 강연을 진행할 수도 있습니다.

강연은 당신의 생각과 책을 발전시키는 데 무척 유용합니다. 게다가 말하는 연습을 할 수 있고 추천사를 써 줄 만한 사람을 만날 수도 있죠. 영상 촬영을 하는 강연이라면 나중에 마케팅 단계에서 알차게 활용할 수 있겠죠.

책이 완성되고 출간이 가까워지면 더 중요한 일, 그러니까 당신의 시그니처 강연을 개발해야 합니다. 시그니처 강연은 미래의 판도를 바꿉니다. 해당 분야에 대한 강연을 할 만한 사람은 다수겠지만, 오직 나만이 시그니처 강연을 할 수 있으니까요. ('시그니처'라는 말뜻 그대로 신용카드 뒷면의 사인처럼 나의 고유성과 정체성을 증명하는 표시라고 할 수 있습니다.)

시그니처 강연의 구조와 콘셉트는 청중에 따라 달라지겠지만 몇 가지 원칙을 세우고 계획하는 게 좋습니다. 먼저 독자이자 고객인 사람을 대상으로 강연을 해야 합니다. 그리고 두 부류를 서로 강화해 주는 방향으로 이끌어야 합니다. 당신 고유의 지적 재산을 책과 강연 중심으로 삼으세요. 이것이야말로 강연의 핵심 목적이며 기회가 있을 때마다 사람들에게 보여 주고 인식시켜야 합니다.

제스처, 농담, 침묵 구간 등 모든 과정이 완벽해질 때까지 연습하세요. 메모를 커닝할 생각은 꿈에도 하지 마세요. 시그니처 강연은 프레젠테이션이 아니라 퍼포먼스입니다. 변화하는 상황에 맞는 임기응변도 필요합니다. 당신을 소개할 때 세상사는 이야기나 해당 지역과 관련된 농담을 던질 수도 있고, 당신의 강연이 그곳에 모인 사람들에게어떤 의미가 있는지 강조하거나 요점을 잘 드러내는 에피소드를 선택할 수도 있습니다. 가이 가와사키는 강연에 대해 이렇게 말합니다.

스피치를 잘하려면 적어도 스무 번은 해야 합니다. 반려동물 앞에서라도 열아홉 번 정도 연습해야겠죠. 어쨌든연습과 반복은 필수입니다.

물건이 아닌 아이디어를 판매하세요. 강연을 통해 사람들에게 책을 팔거나 당신의 서비스를 등록하게 만들고싶기도 하겠지만 청중이 원하는 것은 그런 게 아닙니다. 청중에게 뭔가를 팔려고 하면 그들을 잃게 됩니다. 청중을 즐겁게 하는 데 집중하고 판매는 주최자가 알아서 하도록 두세요. (단, 사전에 이런 내용을 공유해야 합니다.)

당신답게 하세요. 결국 당신의 시그니처니까요. 당신이 청중을 이해하고 있다고 느끼게 한다면 그들이 당신을 신뢰할 가능성이 훨씬 더 높아집니다. 기업가 미셸 모네는 자신의 시그니처 강연을 할 때마다 "방금 전에 너무 긴장해서 토하고 왔다"고 고백하면서 강연을 시작하는데, 그 순간부터 청중은 연사의 편이 됩니다.

시그니처 강연을 완성했다면 이제부터는 누구나 할 수 있는 주제를 다루는 강연 제안은 거절해도 됩니다. 책과 마찬가지로, 시그니처 강연은 해당 분야에서 진행 중인 논쟁의 최전선에 당신의 자리를 마련하고 모든 것을 변화시킬 테니까요. (하지만 논쟁과 당신의 생각은 틀림없이 시간이 갈수록 진화할 테니 너무 긴장을 풀고 있지는 마세요).

나오는 글

사업을 시작하는 일과 책을 쓰는 일은 공통점이 많습니다. 둘 다 엄청나게 힘든 일이라는 것, 그리고 둘 다 당신이 지금까지 해온 일 중 가장 보람 있는 일이 될 수 있다는 것이죠.

제가 처음 책 쓰기를 시작할 때 미처 깨닫지 못했던 사실이 있습니다. 좋아하는 것 중심으로 사업을 벌이고 그 주제에 관해 글을 쓰는 것 자체가 관심사가 같은 여러 사람과 흥미로운 대화를 나누기 위해 세상 속으로 들어가는 것이며, 사업과 책을 넘어 깊은 행복감을 주는 연결고리가 된다는 것입니다. 간단히 말하자면, 이 책을 쓰면서 제 삶은 더욱 풍요롭고 행복해졌습니다.

이 책이 당신의 책 쓰기에 도움이 되고 나아가 사업이 성공하도록 이끌어서 당신의 삶이 더욱 즐거워지기를 바랍니다. 책 쓰기의 길은 혼자 걸어가기 힘들 때가 많습니다. 더 많은 응원과 아이디어, 영감을 얻고 싶다면 『범상치 않은 비즈니스 북클럽』 홈페이지 또는 페이스북 페이지에 놀러 오세요.

그리고 책을 쓰면서 얻은 독창적인 노하우가 있다면 알려 주세요. 서로 도움을 주고받으며 성장하는 많은 분들과 함께 당신의 경험을 공유하겠습니다.

옮긴이의 글

이 책의 저자와 저는 닮은 점이 많습니다. 저도 '책덕'이라는 출판사를 운영하며 『책 만드는 소리』라는 팟캐스트를 진행하고 1인출판에 관한 강의를 하기 때문입니다. 게다가 책을 일과 삶의 중심에 두고 새로운 시도를 하며 실용적인 출판 지식을 나누고 심지어 주변 사람들에게 글 쓰게 하는 일을 좋아한다는 점도 비슷합니다. 차이점이라면 제가 하는 비즈니스의 규모가 저자와는 비교도 안 되게 작다는 점이겠네요.

그래서 그런지 처음에는 책에서 하라고 하는 것이 너

무 많다고 생각했습니다. 저자가 보고 듣고 경험한 모든 노하우를 하나부터 열까지, 하나도 빠짐없이 다 모아 놓은 건 아닌가 싶었죠. 그중에는 제가 이미 해 보고 효과를 본 제안도 있었지만 생소하거나 쉽게 시도하기 어려워 보이는 제안도 있었습니다. 저는 이 책을 독자들에게 자신 있게 권하기 위해서 몇 가지 제안을 실전에서 시도해 보기로 했습니다.

올해가 출판사를 연 지 10년이 되는 해라서 10주년 행사를 기획하며 '구매 버튼 테스트'와 유사한 시도를 했습니다. 행사의 내용을 아무것도 정하지 않고 SNS를 통해 일단 참여하고 싶은 분들이 있는지 먼저 물었습니다. 그리고 그 답변을 토대로 행사 시간과 분위기, 프로그램 내용을 기획했습니다. 그동안 친밀하게 소통해 온 독자들이 대부분이라 집이자 작업실인 제 공간에서 행사를 열었는데, 답변을 바탕으로 기획해서인지 참여자들의 만족도도 높았고 저 또한 감동적인 시간을 보낼 수 있었습니다. 제가 꽁꽁 감추고 모든 걸 혼자 준비했다면 얻지 못했을 경험이 아니었을까요?

'여러 사람과 함께 쓰기'와 '경험하게 하기'를 결합한 시도도 해 보았습니다. 제가 그동안 시도한 'N잡'들을 총망라해 『츄라이 츄라이 민츄라이』라는 PDF 전자책을 만들었고, 독립출판 북페어에 나가는 김에 이 전자책을 얇은 종이 책자로 소량 제작했습니다. 독자들의 피드백을 받을 수 있도록 QR코드를 책자 안에 넣어서 '베타' 버전으로 만들었고 현장에서 직접 독자들의 반응을 볼 수 있었어요. 이 과정을 통해 이 책을 왜 사는지, 혹은 왜 사지 않는지 혼자 짐작하던 단계에서 벗어나 실제 데이터를 얻고 책의 방향성을 수정할 수 있었습니다. 이 책은 베타 버전에서 받은 피드백을 반영해 『시도 타기』라는 제목으로 정식 출간할 예정입니다.

이 책은 대부분의 글쓰기나 출판을 다루는 책과 다르게 출판을 최종 목적으로 삼는 게 아니라 자신의 비즈니스를 확장하기 위한 수단으로 활용합니다. 솔직히 고백하자면 『책으로 비즈니스』라는 제목을 듣고 어떻게 하면 '비즈니스'라는 말을 안 쓸 수 있을까 머리를 굴렸습니다. 저에게 '비즈니스'라는 말은 너무 딱딱하고 멀게 느껴졌거든요. 요즘 유행하는 '브랜딩'이나 '나만의 일' 같이 비교적 말랑한 단어로 대체하면 어떨지 고민했지만 저자의 말을 계속 듣다 보니 오히려 비즈니스라는 말에 거부감을 느끼는 제 태도를 바꿔야 하는 게 아닐까 하는 생각이 들더군요.

지금은 수많은 자영업자, 프리랜서 전문가, 예술가, 크리에이터가 모두 비즈니스를 하는 시대입니다. '평생 직장'이라는 개념이 사라져 가고 있으니 앞으로도 이런 추세는 계속되겠죠.

하지만 자기 사업을 하는 일은 결코 만만하지 않습니다. 주변에 있는 창작자나 작은 출판사 사장님을 만나면 돈을 도대체 어떻게 벌어야 하는지 모르겠다며 서로 신세 한탄을 하곤 합니다. 이런 한탄은 주로 유명 연예인이 우연히 방송에서 '간택'하거나 스스로 유명해지면 땡이라는 허무한 결론으로 끝나곤 하지요.

열심히 무언가를 만드는데 그만큼의 보상이 따라오지 않는 것만큼 갑갑한 상황도 없습니다. 인터넷에 접속하면 여기저기 월 천 만원을 벌 수 있는 마법의 마케팅 비법을 알려 준다는 광고를 쉽게 볼 수 있지만 그런 문구에 낚여서 돈을 써 봤자 그때뿐입니다. 우리를 현혹하는 가짜 비즈니스 방법과 오래오래 내 가치관을 지키며 일과 삶을 영위할 수 있는 비즈니스 방법을 잘 구분해야 합니다.

책을 읽으면 자연스럽게 알게 될 테지만 이 책에서 말하는 비즈니스는 오로지 돈을 벌기 위해 모든 것을 희생하는 행위가 아닙니다. 규모가 크든 작든 자신의 장점과 특성을 살려 일을 만들고 돈을 벌고 관계를 맺고 원하는 삶을 찾아가려는 '시도'에 가깝습니다.

어떤 분들은 이 책의 목차를 보고 '이렇게까지 해야 하나?'라고 반문할 수도 있습니다. 제 경험과 주변의 이야기를 바탕으로 답변하자면 정말 '이렇게까지 해야' 내가 하고 싶은 일로 돈을 벌어서 먹고 살 수 있습니다.

책에 나온 모든 제안을 다 따라하지 않아도 괜찮습니다. 각자에게 맞는 방법은 온전히 여러분의 선택이니, 이왕이면 자유롭게 조합하며 즐겨 보세요. 이 책이 '나의 비즈니스'를 고민하는 분들에게 가야 할 길을 선명하게 밝혀 주고 지속적으로 성장할 수 있도록 새로운 시도를 제안하는 안내자가 되기를 바랍니다.

1부 3장 '나를 위해 남을 돕기'에서 저자는 가이 가와사키의 말을 인용해 "세상에는 빵을 먹는 사람과 빵을 굽는 사람이 있다"고 말합니다. 자신의 이득만 챙기는 사람보다는 다른 사람에게 친절하게 협조하는 사람이 더 행복하고 더 유능해진다는 맥락에서 나온 말이죠. 세상이 각박해질수록 각자도생해야 한다는 압박감이 들 때도 있지만, 그럴 때일수록 빵을 굽는 사람이 많아야 행복하게 비즈니스할 수 있는 사회가 되지 않을까요. 이왕이면 우리, 더 큰 빵을 더 많이 만드는 사람이 되어 만납시다.

한국어판 부록

원서에서 소개한 출판 방식과 도구를 한국 상황에 맞게 대체할 수 있도록 간단한 한국어판 부록을 준비했습니다. 혹시 더 궁금한 점이 있다면 제 메일(munzymin@gmail.com)로 질문을 보내 주세요.

다양한 출판 방식

전자책 출판

종이책이 아닌 전자책만 제작해 출판하는 방식이다. 분량이 짧은 읽을거리, 직접 쓴 장르소설, 퍼블릭 도메인으로 저작권이 만료된 원서 번역본을 epub 형태의 전자책으로 제작해 인터넷 서점에 유통한다. '리디', '교보이북', '알라딘 전자책', '예스24 전자책' 등의 서점과 하나하나 직접 계약을 하거나 전자책 오픈 마켓 '유페이퍼'를 통해 한꺼번에 유통할 수도 있다. 유용한 실무 지식을 PDF 파일 형태로 만들어 바로 판매하는 시장도 있다. 대표적으로 재능 거래 플랫폼 '크몽'에서 이런 PDF가 거래가 활발하다.

주문 출판(POD)

책을 디지털 데이터로 완성해 놓고 판매 사이트에 등록한 다음 주문이 들어올 때 한 부씩 제작해 판매하는 방식이다. '부크크'나 '교보문고 퍼플' 등의 플랫폼을 이용하면 직접 출판사를 등록하지 않아도 국제표준도서번호(ISBN)

를 발급받을 수 있고 인터넷 서점에 신간으로 등록할 수 있으며 주문이 들어오면 알아서 책을 제작해 배송까지 해 준다. 대신 수수료가 발생하고 다양한 디자인을 할 수 없다는 한계가 있다.

독립출판

기존 출판사의 간섭 없이 자신의 개성을 그대로 살려 책으로 만들고자 하는 창작자가 선택하는 출판 방식이다. 10여 년 전부터 독립출판 시장은 계속 성장하고 있다. 독립출판물을 취급하는 작은 서점과 독립출판 북페어에서 주로 직거래되며 여러 서점에 유통하기를 원할 경우에는 독립출판물 전문 유통사인 인디펍을 이용하는 경우가 많다. 독립출판물의 제작 수량은 보통 50부에서 100부, 많아도 300부 정도로 상업출판을 할 때 이용하는 오프셋 인쇄가 아니라 서울 충무로 지역에 모여 있는 디지털 인쇄소에서 제작한다.

자비출판

말 그대로 저자의 자비로 책을 만든다는 뜻이다. 검색

해 보면 꽤 많은 대행 업체가 나오는데 이런 업체들은 기존 출판사처럼 기획을 대신 하거나 섬세한 편집 노동을 제공하지 않고 그냥 원고를 그대로 책으로 제작하고 ISBN을 발급해 대형 서점에 유통하는 일을 대행한다. (책의 품질은 제작비를 들인 만큼 나올 수밖에 없다.) 원고만 쓰고 모든 제작 및 유통 과정을 일임하고 싶은 사람에게 적합한 방식이다.

1인출판

한국출판문화산업진흥원 기준으로 '1인출판사'는 직원이 5인 이하인 사업장을 가리킨다. 하지만 최근에는 정말로 혼자서 운영하는 1인출판사가 매우 많다. 원고 집필이나 번역, 편집, 디자인, 제작, 유통, 마케팅 등의 업무를 직접 다 하거나 일정 작업만 담당하고 나머지 일은 외부 작업자와 협업하여 책을 만든다.

출판사 등록과 사업자 등록을 해야 하며 책을 제작할 때는 보통 일산과 파주에 모여 있는 오프셋 인쇄소를 이용한다. 1쇄를 찍을 때 기본 1,000부 이상 제작하고 여러 서점과 각각 직거래하거나 도매상에 모든 거래를 일임하여 유통하기도 한다. 시간이 갈수록 독립출판과 1인출판의 경계는 옅어지고 있다.

유용한 도구와 서비스

디자인

이미지를 다루는 작업은 포토샵을 이용하면 좋지만 유료로 구독해야 하고 초보자가 사용법을 익히기에는 시간이 필요하다. 따라서 '캔바' 또는 '미리캔버스'를 이용하면 좋다. 카드뉴스나 포스터 등 여러 유형의 기본 템플릿을 제공하기 때문에 빈 화면에서 시작하는 것보다 수월하게 디자인할 수 있다.

영상을 제작할 때는 '다빈치 리졸브'라는 무료 프로그램을 사용할 수 있다. 성능이나 기능이 유료 프로그램에 뒤처지지 않으며 유튜브에서 구체적인 사용법도 쉽게 찾을 수 있어 추천한다.

무료 저작물 검색

상업적인 콘텐츠에 무료로 사용할 수 있는 한글 서체가 필요하다면 '눈누'라는 사이트에서 다양한 서체를 검색할 수 있다. 미리 사용해 보고 어떤 느낌의 서체인지 확인할 수 있기 때문에 매우 유용하다. 영문 무료 서체가 필요하다면 '구글 폰트'나 '다폰트'에서 라이센스 범위를 확인하고 다운로드하여 사용할 수 있다.

한국저작권위원회에서 운영하는 무료 저작물 사이트인 '공유마당'에서는 서체뿐 아니라 미술, 사진, 영상, 음악 등 다양한 저작물을 제공하고 있어서 한번쯤 참고할 만하다.

녹취

책 본문에서도 몇 번 등장하지만 인터뷰 등 음성을 녹음할 때는 클로바노트를 사용하면 편리하다. 발화자를 구분하여 녹취록을 만들어 주며 내용 요약까지 제공하기 때문에 매우 유용하다. (녹취를 할 때는 꼭 참여자의 허락을 구하도록 하자.)

뉴스레터 제작 및 발송

영미권에서 뉴스레터를 제작할 때 '메일침프'라는 서비스를 많이 쓴다면, 한국에는 그와 유사한 '스티비'라는 서비스가 있다. 뉴스레터를 제작하고 대량 발송할 수 있으며 메일 오픈율 등 메일 발송 관련 다양한 통계를 확인할 수 있는 서비스도 제공한다. 구독자 수 500명까지는 무료로 이용할 수 있기 때문에 부담 없이 이용할 수 있고 뉴스레터를 디자인하는 방식도 간편하다.

집중 시간 관리

'글쓰기를 돕는 비밀 도구'에서 소개하는 포모도로 기법을 활용한다면 무료 앱 '플로우'를 추천한다. 광고나 다른 군더더기 없이 포모도로 기능만 있기 때문에 켜서 시작 버튼만 한번 누르면 바로 집중을 시작할 수 있고 디자인도 단순하고 효과음도 조용해서 거슬리는 게 없다.

크라우드 펀딩

크라우드 펀딩은 제품이나 서비스를 출시하기 전에 후원자들에게 리워드를 걸고 후원금을 모금하여 출시 자금을 마련하는 행위로, 국내에서 이를 중계하는 플랫폼으로는 '텀블벅'과 '와디즈'가 대표적이다. 두 플랫폼의 이용자 층과 프로젝트 성향이 많이 다른데, 텀블벅은 창작, 예술, 디자인, 게임과 관련된 프로젝트가 많고 와디즈는 스타트업의 신규 개발 상품이나 비즈니스와 관련된 프로젝트가 많은 편이다. 출판 프로젝트는 주로 텀블벅에서 진행된다. 중소기업유통센터가 지원하는 '소상공인 텀블벅 펀딩 지원 사업'이 매년 열리는데, 300만 원 상당의 마케팅 프로모션을 제공하는 사업이니 관심이 있다면 챙기는 것도 좋다.

콘텐츠 활용 직접 수익 창출

인스타그램 등의 SNS의 프로필에 연결할 수 있는 링크 서비스로 시작한 '리틀리'는 거의 작은 홈페이지 역할을 한다. 자신의 여러 채널을 한눈에 모아 볼 수 있도록 연결할 수 있고, 물건이나 서비스를 판매할 수 있는 결제 서비스도 제공하고 있어서 직접 만든 전자책이나 템플릿이나 창작품, 강의나 코칭 서비스까지 등록하여 수익을 올릴 수 있다.

'스테디오'는 텀블벅에서 1년 전에 런칭한 플랫폼으로 안정적인(스테디) 창작자 공간(스튜디오)을 표방하고 있다. 멤버십 기능을 통해 후원자가 창작자를 정기적으로 후원할 수 있고 일회성 유료 프로그램도 진행할 수 있다. 책덕의 사물놀이단도 스테디오에서 구독할 수 있다.

참고할 만한 마케팅 관련 뉴스레터

'큐레터'는 역사가 깊은 마케팅 커뮤니티인 '아이보스'에서 발행하는 뉴스레터로, 최신 마케팅 트렌드와 노하우를 요약해서 보내 준다. 최신 경향을 굳이 따라갈 필요는 없지만 흐름을 적당히 알고 싶을 때 보면 좋다.

'링커레터'는 커스텀 굿즈 판매 사이트인 '마플샵'에서 발행하는 뉴스레터로, 특히 창작자를 위한 마케팅 팁을 잘 정리해 보내 준다. 어디에 물어보기도 애매한 인스타그램 스토리 활용법, 해시태그 사용법, 유튜브 채널 성장 방법 등 매우 유용한 내용이 많아서 이전에 발행한 뉴스레터 아카이브도 참고하기를 권한다.

'자메이크'는 유튜브 채널 성장에 필요한 팁을 전달하는 뉴스레터로 유튜브의 새로운 기능이나 콘텐츠 공모전 소식을 모아 알려 준다. 유튜브 크리에이터로서 수익 창출을 고민하고 있다면 구독할 만한 뉴스레터다.

책으로 비즈니스
: 나의 삶과 일을 성장시키는 도구로서의 책

2023년 8월 4일   초판 1쇄 발행

지은이   **옮긴이**
앨리슨 존스   김민희

펴낸이   **펴낸곳**   **등록**
조성웅   도서출판 유유   제406-2010-000032호 (2010년 4월 2일)

                 주소
                 경기도 파주시 돌곶이길 180-38, 2층 (우편번호 10881)

전화   **팩스**   **홈페이지**   **전자우편**
02-3144-6869   0303-3444-4645   uupress.co.kr   uupress@gmail.com

                 페이스북   **트위터**   **인스타그램**
                 facebook.com   twitter.com   instagram.com
                 /uupress   /uu_press   /uupress

편집   **디자인**   **조판**   **마케팅**
인수, 이승은   이기준   정은정   전민영

제작   **인쇄**   **제책**   **물류**
제이오   (주)민언프린텍   (주)정문바인텍   책과일터

ISBN 979-11-6770-066-7 03320